50

Das Andere

Das Andere

Teresa Ciabatti
A mais amada
La più amata

© Editora Âyiné, 2022
© Teresa Ciabatti, 2022
Publicado por acordo com S&P Literary – Agenzia letteraria Sosia & Pistoia

Tradução: Julia Scamparini
Preparação: Pedro Fonseca
Revisão: Andrea Stahel, Tamara Sender
Imagem de capa: Julia Geiser
Projeto gráfico: Daniella Domingues, Luísa Rabello

ISBN 978-65-5998-089-5

Quest'opera è stata tradotta con il contributo del Centro per il libro e la lettura del Ministero della Cultura italiano. www.cepell.it

Âyiné

Direção editorial: Pedro Fonseca
Coordenação editorial: Luísa Rabello
Direção de arte e produção: Daniella Domingues
Coordenação de comunicação: Clara Dias
Assistência de comunicação: Ana Carolina Romero, Carolina Cassese
Assistência de design: Lila Bittencourt
Conselho editorial: Simone Cristoforetti, Zuane Fabbris, Lucas Mendes

Praça Carlos Chagas, 49. 2º andar. Belo Horizonte 30170-140
+55 31 3291-4164
www.ayine.com.br | info@ayine.com.br

Teresa Ciabatti

A MAIS AMADA

TRADUÇÃO Julia Scamparini

Âyiné

Sumário

11   Prólogo

13   PRIMEIRA PARTE
O escolhido
Lorenzo Ciabatti

93   SEGUNDA PARTE
A mais amada
Teresa Ciabatti

141   TERCEIRA PARTE
A pária
Francesca Fabiani

237   QUARTA PARTE
Os sobreviventes

Para meu pai

Persiste o fato de que entender direito as pessoas não é uma coisa própria da vida, nem um pouco. Viver é entender as pessoas errado, entendê-las errado, errado e errado, para depois, reconsiderando tudo cuidadosamente, entender mais uma vez as pessoas errado.

Philip Roth, *Pastoral americana*

Prólogo

Um jacaré na piscina. Um jacaré verde em uma piscina azul.

Sob o sol de junho, no silêncio do verão, só o canto das cigarras e o barulhinho ritmado do jacaré — vai lá pegar esse negócio — que, por causa do vento, fica dando batidinhas regulares no skimmer, impedindo a filtragem da água. Vai lá pegar esse negócio, deus do céu!

A menininha se levanta da espreguiçadeira e vai pisando nas folhas secas do salgueiro. Desvia das pedrinhas, salta as placas de mármore. Assim que chega do outro lado da piscina e se inclina, uma mão a empurra na água. Ela cai, afunda, não cria resistência, vai afundando, cada vez mais. Poderia morrer, cada vez mais fundo.

De repente, faz um reboque e bate as pernas até a cabeça pular para fora. Com os curativos pendurados nas orelhas.

Você está parecendo um coelho, a mãe ri.

Ela começa a nadar, peito, borboleta, cabeça para baixo, na vertical, gira.

O irmão também se joga.

A menininha para e diz: papai.

Primeiro, baixo. Depois, alto: papai. Mais alto: papai.

Neste momento chega uma voz vindo de cima. Professor. Mais perto. Professor.

Eles se viram. Um homem está descendo as escadas do jardim. «Professor», o homem diz, «o senhor vem comigo». Um desconhecido segurando uma pistola.

Eles ficam imóveis enquanto o Professor levanta-se, toca o braço da esposa, murmura algo e segue o homem.

Na hora nenhum de nós percebeu que aquilo era um sequestro.

PRIMEIRA PARTE

O escolhido
Lorenzo Ciabatti

1

Não sei quase nada sobre a infância de meu pai. Eu o imagino criança, sentado no colo da mãe, que tanto queria uma menina depois de dois filhos homens, mas no fim tudo bem que fosse outro menino, mais braços para o armazém. E garoto, correndo no pátio da empresa e jogando pedaços de madeira para o cachorro pegar.

E estudante: na escola eu o imagino alegre e cheio de amigos, liceu Carducci-Ricasoli, em Grosseto. Enfim, universitário, em Siena. Universitário modelo.

Mas não necessariamente. Pode ter sido um garoto problemático, insone, cianótico, sem apetite, menininho espoleta e aluno excluído, até mesmo um universitário apático. Gordo ou magro, nem isso eu sei. Lorenzo Ciabatti (1928-1990) pode ter sido qualquer um.

Não há fotos daquela época, a não ser a de um menino gorducho na praia de Marina di Grosseto. Sentado, costas eretas. Ao redor, deserto. Um menino de um ano abandonado na praia, não fosse pela sombra ao seu lado. Um adulto, meu avô. Aldo Ciabatti.

Meu pai pode ter sido tudo, antes de minha mãe.

Aquele que conheci não era ele exatamente, ou era em parte, ou talvez não tivesse nada a ver com ele: eu o achava pão-duro (apaguem a luz ao sair da sala, deus do céu!), mas ele dava joias e casacos de pele de presente.

Eu sabia que era muito trabalhador e que ficava no hospital até tarde, na verdade ficava jogando cartas, perdeu uma casa jogando cartas, Torre Salina, na lagoa em direção a Talamone.

Eu acreditava que ele me amasse loucamente, que eu fosse o amor de sua vida, que para mim, só para mim, ele tivesse contado tudo. Só que na verdade não me contou nada. Lembro-me da galinha...

Pronto, comecemos daqui. Vamos voltar alguns anos, mas não muitos. Nós já nascemos. Mamãe dirige o Fiorino, a vovó mora conosco e continua repetindo: ah, eu pego e vou embora, não sou o tipo de sogra que chega e se instala. Temos seis anos, depois sete, oito. Depois treze. Vou falar desse intervalo de tempo, quando não tínhamos grandes preocupações.

De vez em quando vou atrás do papai no hospital para pedir dinheiro. É uma desculpa, na verdade: gosto de vê-lo de jaleco branco, gosto de andar ao seu lado pelos corredores, vendo as pessoas que o cumprimentam abaixando só um pouco a cabeça, uma espécie de semirreverência. Gosto de me aninhar na poltrona de sua sala, ele atrás da mesa, e o vai e vem de pacientes que lhe trazem presentes, como esse sujeito, com uma galinha nos braços. Com todo o bem que o senhor nos fez, Professor, diz o homem que está de pé em frente ao meu pai. Como agradecimento — o sujeito continua, enfático —, porque se não fosse pelo senhor a essa hora Grazia estava é bem morta. Morta e enterrada.

Papai fica impassível. Deixa disso, Presicci, ele tenta dar fim ao encontro.

Não que tanta gratidão não seja de seu agrado, muito pelo contrário. Mudar a vida das pessoas, salvá-las, é uma forma de mantê-las por perto, de construir para si mesmo uma fila de devedores. Mais que isso: devotos.

Porém, ele odeia perder tempo, odeia falação demais. Falação demais, Presicci. Camponês, ex-funcionário da Montecatini, operário. Pobre coitado com mulher e filhos. A maior parte de seus pacientes são assim, todos iguais. E não lhes falta gratidão: robalos, sargos, enguias, frangos, galinhas. Galinhas como essa que o homem coloca no chão antes que papai consiga dizer segure-a, Presicci. Tarde demais: o animal bate as asas e começa a rodar pela sala, eu coloco os pés na poltrona, grito meu deus quando passa perto de mim, socorro, me encolho apertando as pernas junto ao peito. O animal fica girando, gira, gira, até chegar na porta, que papai fecha apenas quando tem encontros importantes, quando é qualquer um ele a mantém aberta, um sinal para os assistentes poderem salvá-lo. E quem aparece para salvá-lo é Marrucci, que quase tropeça na galinha. Segura, Presicci grita ele, mas Marrucci não está pronto para reagir. Desviando dele, o animal sai pelo saguão. Marrucci grita para Nino: pega! Mas Nino também não está preparado. Médicos e enfermeiras começam a correr. Tentam apanhá-la, mas ela é rápida, passa por entre as pernas, escorrega por entre as mãos e vai parar no corredor, onde as pessoas se levantam assustadas, atravessa a Radiologia, a enfermaria e continua reto — é possível que ninguém consiga parar essa galinha? — continua reto em direção à ala de Medicina da Mulher, se fosse parar na Medicina do Homem haveria menores consequências, aqui os homens são do mar. As mulheres, não — socorro! Nossa senhora! — gritam.

No atendimento o animal é encurralado. Uma barreira de enfermeiros bloqueia a entrada em meio ao tagarelar dos pacientes, enquanto Nino embarca na perseguição. Vendo-a assim, agora, essa galinha parece especial, quase mágica, a luz do hospital a faz parecer transparente. Tanto que a certa altura as mulheres se calam, olham com atenção aquela

Primeira parte

coisa branquíssima que está passando pelo atendimento e que se confunde com o chão, com os leitos, com elas próprias. Talvez um sinal, uma mensagem vinda do céu: vocês ficarão boas.

Todos em silêncio quando Nino começa a chutá-la — bicho nojento — e depois a imobiliza com as mãos — praga porca asquerosa — o animal tenta escapar, alguns reclamam — assim também não, deixa ela, coitadinha — e Nino a aperta forte, mais forte, conseguiu. Conseguiu pegá-la.

Que ideia de merda, meu pai resmunga ainda na poltrona de sua sala, de onde não saiu durante todo o rebuliço. Vou te dizer, o que passa pela cabeça?

Marrucci abre os braços: gente simples.

É cascalho o que eles têm na cabeça, papai continua batendo os dedos na mesa, no indicador o anel de ouro maciço com uma safira cravada. Anel com inscrições incompreensíveis, símbolos. Só de perto, muito de perto, dá para ver um compasso. Nunca ninguém além dele segurou o anel que ele não tira nem durante as cirurgias, só em casa, às vezes, para tomar banho. Ninguém, exceto uma pessoa. Alguém que experimentou o anel — indicador, dedo médio, polegar, até no polegar ficou largo — alguém que se olhou no espelho com o anel: você é lindíssima, a mais linda de todas. E depois colocou-o de volta em seu lugar.

Essa mania de dar bichos vivos, papai diz, bufando.

Nino aparece na porta, a galinha presa em seus braços: consegui pegá-la.

Não quero saber, papai o dispensa fazendo um sinal para que saiam de lá ele e a galinha.

Nino obedece. Agora a ave é um problema dele.

Na verdade, tem muita gente querendo resolver os problemas do meu pai. Médicos e enfermeiros competem: seja para acompanhá-lo até Florença em suas reuniões, se bandear até a rodovia Aurélia onde seu carro quebrou — por que raios ele não troca aquele ferro-velho, é um homem simples o Professor — seja para pintar as paredes de sua casa. Radiologistas, anestesistas, ginecologistas, todos prontos a transformarem-se em motoristas, pintores, pedreiros. Todos pelo Professor, pois o Professor pode mudar uma vida, mudou a vida de muita gente. Um benfeitor, um santo. Os rapazes que ele ajudou a se formarem em Catanzaro para depois contratá-los. Rapazes da região, filhos de amigos de amigos, mas também pessoas simples que graças a ele puderam dar um salto social: a universidade, o primeiro universitário da família. Pais, mães e parentes apertando sua mão: sem o senhor, Professor, devemos tudo ao senhor...

O mesmo para os enfermeiros, que ele escolhe pessoalmente depois de terem feito o curso interno. Escolhe e abençoa. Aí estão eles, os adeptos, os apóstolos. Eles o seguem, o assistem, o aliviam de toda e qualquer incumbência.

Nas consultas são eles que apalpam barrigas, verificam feridas, se informam sobre as condições do paciente, enquanto ele, com as mãos entrelaçadas atrás das costas, limita-se a observar. Intimidados, os pacientes o olham de lado, com medo de olhá-lo nos olhos, quanto mais dirigir-lhe a palavra. E a consulta continua: meu pai na frente, seu cortejo atrás, de jaleco branco. Como se estivessem na policlínica Gemelli, em Roma, no hospital Niguarda, em Milão, ou no Molinette, em Turim, mas não, estão no San Giovanni di Dio, só no San Giovanni di Dio, em Orbetello, distrito de Grosseto.

E ele é o chefe. Como diz a placa na porta de seu consultório: Professor Lorenzo Ciabatti — cirurgião-chefe.

2

Estão todos mortos. Não sobrou ninguém para contar daqueles anos: de 1928 a 1956.

Meu pai sempre falou só da América, nenhuma referência aos tempos de antes, como se a vida tivesse começado lá: Nova York, Hospital Presbiteriano, 1956.

Lorenzo Ciabatti tem que dar a notícia a Jole Ciabatti, sua mãe, não quer lhe dar nenhum desgosto. Depois da morte de seu pai e dos casamentos de Umberto e Dante (Umberto com Giordana, Dante com Malvina), só ele ficou em casa, o mais novo. Ele e ela. Como marido e mulher. Ela de camisola e cabelos soltos, mas na frente dos outros só aparece de cabelos presos. Ela que faz a comida e a cama do seu Renzinho, sendo que pelos outros, os de fora, os inquilinos que não pagam, sente apenas desprezo. Senhora Jole, tente entender... Eu só entendo de dinheiro, retruca minha avó.

Fora, a viúva que dá bicadas nos infelizes, em casa, a mãe que pede ao filho: penteie meus cabelos. E ele penteia, penteia seus longos cabelos grisalhos. De fato, ela queria uma menina, mas na verdade, refletindo sobre isso agora, o que ela realmente queria era uma companhia.

Apesar do receio e da preocupação, Jole recebe bem a notícia de que Renzo irá para Nova York. Mostra-se feliz: ela sempre disse que aquele filho era diferente, desde cedo se notava, com sete meses já andava, com oito falava, sabe qual foi sua primeira palavra?

Assim, ao que parece a vida de meu pai começa na América. No palco, sob a luz dos holofotes, foi o que me contou: ele sorrindo sem graça, a plateia aplaudindo.

Aplausos demorados, sentidos, aplausos merecidos (ou talvez não). É bom se acostumar com as luzes da ribalta, na América você pode se tornar alguém, olhe de frente aqui e agora, não se envergonhe, olhe de frente para as luzes e acolha o sucesso. What's your name? Determinação e disciplina te fizeram chegar aqui nesse paco — what's your name? — bem longe de Grosseto, para onde você voltará, só que diferente, como um vencedor, what's your name?

Ciabatti, ele finalmente responde. Ciabatti Lorenzo, repete mais alto no microfone.

Esta é a América, o sonho americano.

Neste cinema em Chelsea, Lorenzo Ciabatti vive em pequena escala o que acontecerá em grande escala, e acontecerá, muitos tiveram o presságio, é por isso que você está aqui, Renzo, seis mil cento e oitenta quilômetros, dez horas de viagem, noite substituindo o dia, você está aqui para triunfar.

Honestamente, Renzo deve isto a Hope. Não fosse por ela, não teria comprado os bilhetes, não dá para jogar dinheiro fora, ele não concordava. Hope insistiu, bateu o pé, fez beicinho, tem que acreditar na sorte, ela disse, séria. Enquanto ele dava um sorriso forçado pensando em quão estúpida ela era, as americanas em geral eram estúpidas, depois de três meses já podia afirmar, lindas e estúpidas, sempre se fazendo de meninas manhosas: batendo os cílios, fazendo beicinho, imitando os olhos de Marilyn Monroe. Pena que não passassem de imitações sem graça. Mesmo que Hope fosse, de todas as garotas que encontrou, a mais parecida com Marilyn. Pequena, loira, traços finos, a enfermeira mais bonita do hospital. E não Jane, que todos acham lindíssima, a mais linda de todas, mas que para Renzo é quase repulsiva, pois é negra, e ele tem certo asco de africanos. Não que seja racista, por favor, ele só considera os negros seres inferiores. Na escala evolutiva, o elo entre o homem e o macaco. Olhando bem dá para ver algo de macaco neles, certos movimentos, certo modo de mexer da cabeça. Sem precisar citar Cesare Lombroso, ou Samuel Cartwright, que demonstrou cientificamente os desvios mentais dos escravos afro-americanos (a tendência à ilegalidade ou a propensão ao crime), a relação raça-inteligência sempre foi objeto de estudo, e sempre levou às mesmas respostas. Até porque ninguém nega que um negro pode ser ágil ou musical...

Assim, já em Nova York, meu pai decide cortejar Hope, e não Jane.

A loira Hope, a branca Hope, a Hope que no terceiro encontro fica manhosa por causa da rifa, a rifa é importante, Renzo, e ele que, para fazê-la ficar quieta, compra os bilhetes e depois esquece. Quando o filme termina ele está prestes a se levantar e ir embora, mas ela o impede: vão sortear os números agora.

E acontece. Surpreendentemente, acontece.

Five! Eleven! And... Twenty-two! Declama o homem no microfone.

Eleven.

Eleven como em Rua Matteotti 11, Grosseto. Casa.

Hope se agita na cadeira: fomos sorteados, e o puxa com força. Ele se levanta e vai até o palco sentindo o olhar das pessoas, os aplausos, pessoas prestando-lhe homenagem, celebrando-o. Não sabem nem seu nome, não sabem nada dele e, no entanto, já o veem como um herói, esta é a América, a América das possibilidades, a América que dá sorte. E a sorte é virtuosa como o mérito, pois aqui a sorte não é cega. Aqui a sorte acontece aos melhores. A sorte é como a luz que pousa sobre os santos. Santos, heróis e navegadores.

Uma senhora de cabelos vermelhos vence o primeiro prêmio. Um relógio que ela rapidamente agarra e aperta no peito, como se pudesse salvar sua vida, sua mísera vida, pensa Renzo, julgando o vestidinho barato, a cor forte demais dos cabelos e a bolsa usada. Uma vida bem diferente da sua, reflete ao pegar seu prêmio, maletinha preta, abra: talheres. Jogo de talheres de prata (ou banhados em prata?). Aplausos. Fecha a maletinha. Esta é a América.

Bem como a loira que sob o palco vai em sua direção, caminha lentamente para ser vista pela multidão, vai até o vencedor e o abraça. Pronto, agora ele realmente fica envergonhado, com Hope que o abraça e fica dizendo great, e repetindo great.

Tomando-os por um jovem casal de namorados ou recém-casados, a plateia aplaude. Oh, alguém murmura. Oh, alguém se comove.

Ele se desvencilha dela, odeia esse tipo de cena. Ela não entende, e continua repetindo com os olhos brilhando — olhos brilhando, esta é a América — você é um campeão.

Ele compreende que nunca se casará com uma americana, o bom filho a casa... agora tem só que se livrar dessa garota tola sem ofendê-la, tirá-la de seu pé com gentileza, porque o bom filho, como explicar?

Você não tem nada para me dar? Ela espera em frente à pensão, um prédio de tijolinhos no Brooklyn. Ele se cala, ela insiste: nada, nada?, olhando em direção à maletinha.

Ah, não, ele finalmente entende, não, eu preciso disso.

Hope pensa que Renzo não entendeu, línguas diferentes, é melhor ser mais clara: os talheres.

Mas ele entendeu perfeitamente: ele não tem talheres na Itália, só o irmão tem um jogo com doze, ela que vá comprar talheres em uma loja...

Ela fecha a cara.

Ele tenta se explicar rapidamente: se não precisasse de talheres, daria a ela.

Ela concorda, séria, é a chance de finalizar tudo sem grandes danos. Se tem uma coisa que meu pai sempre detestou é discutir. Despede-se apressadamente, uma noite agradável, obrigado por tudo.

Mas uma mulher não se deixa abandonar assim, às pressas, mulher nenhuma, incluída Hope, que murmura baixinho: vamos dormir juntos.

Meu pai e Hope saíram quatro vezes em dez dias e ela sempre afastou suas mãos, somente beijos e amassos, para o resto preciso de tempo. Virando o rosto de ladinho, a mão no coração: se você quer de verdade, saberá esperar. Quanto tempo? Muito, e joga os cabelos para trás.

Um tempo que de repente chegou naquela noite, no instante em que ele a está abandonando. Hope suspira: está pronta para fazer amor.

Outro homem teria aceitado, ou pelo menos hesitado, outro homem que desejasse aquela mulher — porque ele a desejava, pelo menos até aquela noite. Outro homem, voraz, instintivo, qualquer um, teria dito sim. Não o meu pai. Ele agradece, mas não: prefere voltar para casa, não consegue dormir com outra pessoa na cama.

E distancia-se pela rua cintilada de placas luminosas, distancia-se com a maletinha na mão direita. Vendedor que vai de porta em porta, representante, testemunha de Jeová.

A mais amada

Meu pai fica dois anos em Nova York.

Dois anos em que liga para casa uma vez por mês: pernas para cima, aspirina, açúcar, camomila, dá conselhos para minha avó, que toda vez reclama de algo, a vista que piorou, desmaios, rigidez, vermelhidão, insônia, crises gástricas, sudorese noturna, pesadelos.

Papai fala pouco daqueles anos: tantas pessoas, tantos encontros. Genérico, vago, evasivo. Exceto quanto a duas ocasiões. Duas ocasiões que são a América.

Em 25 de julho de 1956 Lorenzo Ciabatti deve embarcar no *Andrea Doria*, ele conta aos descendentes, ou seja, a nós. Para voltar e encontrar a família. Nunca fez a travessia via mar e quer viver a experiência, não é uma questão econômica, explica aos descendentes, sempre nós, ele tem dinheiro, é mais o desafio de uma nova aventura. Em 24 de julho despede-se de amigos e colegas. Passa a noite com Hope (mas vocês não tinham terminado, papi?), jantam no Patsy's, restaurante italiano entre a Broadway e a 8th Avenue, onde ele é cliente fixo, Doctor Ciabatti, chamam-no assim. Ou simplesmente doutor, como diz Pasquale Scognamillo ao sair da cozinha para encontrá-lo, doutor! Levanta os braços. A amizade com Pasquale Scognamillo, proprietário do Patsy's, durará a vida toda. Mas sua relação com o filho, Joe Scognamillo, será cerimoniosa. Joe sempre se dirigirá ao meu pai com respeito e deferência, chamando-o de Professor.

Sentados na mesa central, Hope reclama: por que você nunca me trouxe aqui, tem vergonha de mim, não sou uma mulher de classe?

Renzo bufa, é um ponto de encontro de italianos, homens que falam de negócios, o que tem a ver com ela?

Hope cala-se. Porque uma coisa ela entendeu durante esses meses: Lorenzo Ciabatti não é qualquer um, ele faz negócios na América. E com Renzo, ela, uma simples enfermeira, garota ingênua de Connecticut, se ajeitaria para o resto da vida. Não, ela não lhe mostrou as fotos de sua casa, sentada nos degraus da varanda com a mãe, o pai e Flash, pobre Flash, atropelado por um automóvel anos depois, Hope quer tanto ficar longe daquela varanda, quanto mais melhor, e Lorenzo Ciabatti é o caminho.

Pensando nisso tudo ela se acalma, sorri e murmura: desculpa, desculpa. Coloca a mão sobre a mão de meu pai, que, no entanto, não gosta de sentimentalismos, ela deveria saber, e tira a mão.

Hope suspira: vocês, italianos.

Acredita, ele diz, este é o restaurante preferido do Frank Sinatra. Hope pergunta se ele já o encontrou, se já viu Sinatra ao vivo. *Sometimes*, responde meu pai. Sometimes ele tocou piano e cantou para poucos íntimos. (Você realmente o conhecia, papai? Quer dizer, vocês telefonavam um para o outro? Ele te convidava para ir à casa dele?) Sometimes, e meu pai volta à história. Não essa noite. Essa noite um anão atravessa a sala para sentar-se ao piano. Smoking branco, pés que não tocam o chão.

Enquanto o anão começa a cantar 'O *sole mio*, meu pai decide que precisa falar com Pasquale, que coisa de louco, saiu da Itália há tanto tempo que deu para esquecer que anão dá azar? Gatos pretos, anões, e derrubar sal. Agora não tem mais jeito, a criatura minúscula diante dele está cantando e isso deve querer dizer algo, é um sinal, um aviso.

Naquela noite meu pai decide não partir. Não embarca no *Andrea Doria*, parte seis dias depois. De avião. (Que sorte, papi! A esta hora você poderia estar morto! Agora chega! Levanta-se do sofá.)

Em idade escolar os descendentes descobrirão que na verdade o *Andrea Doria* havia zarpado de Genova em direção a Nova York. Mas nunca terão coragem de corrigir o pai. Assim, fiquemos com a versão do Professor, que escapou da tragédia.

Depois de um dia navegando, o *Andrea Doria* colide com o navio sueco *Stockholm*.

Meu pai poderia ter morrido naquele que foi um dos mais famosos desastres marítimos da história. Destino, ou sexto sentido? O Professor tem premonições...

Precisa de algo mais para demonstrar que ele é o escolhido? O escolhido para viver, para realizar o bem.

Os destroços do *Andrea Doria* — nunca reconstruído — jazem até hoje a uma profundidade de 75 metros. As expedições mais recentes constataram que o material de valor foi sendo saqueado ao longo dos anos por mergulhadores não autorizados.

Dois anos em Nova York. Meu pai fala pouco daqueles anos: tantas pessoas, tantos encontros. Genérico, vago, evasivo. Exceto quanto a duas ocasiões. Duas ocasiões que são a América.

Da próxima vez você tem que pegar conchinhas, diz o rapaz de óculos de grau bem grossos.

A garota acena com a cabeça. Meu pai não a reconhece na hora. De início vê apenas uma loira bonita. Naquele elevador, com outras dez pessoas, ele vê uma loira, olhos azuis, vestido leve. Não dá para ir ao Havaí e não pegar conchinhas, o rapaz insiste. Ela pisca os olhos, e então meu pai a reconhece: é ela, em carne e osso. E é mesmo parecida com Hope, é incrivelmente parecida com Hope.

Ele olha para ela sem arriscar puxar conversa, assim como ninguém mais ali dentro, exceto seu amigo quatro-olhos. Vê se pode, ir ao Havaí e não pegar conchinhas.

Ela tem algo diferente, não é só bonita, é frágil, frágil a olho nu, tão frágil que dá vontade de abraçá-la. E livre,

Primeira parte 27

rebelde, selvagem, submissa, prepotente, e frágil, é frágil. Diversa, divina, não sente o que os outros sentem, esta noite em Nova York, por exemplo: menos sete graus, todo mundo de echarpe, sobretudo, casaco de pele. Ela não, ela está usando um vestidinho sem mangas.

Da próxima vez você tem que pegar conchinhas, o quatro-olhos repete.

Então Marilyn suspira: você não sabe quantas eu já peguei na vida.

Criatura especial, resplandece luz própria, olhos, cabelos, pele. Pele branquíssima, como... como a de um cadáver.

Toda vez que papai se lembra desse encontro, toda vez que evoca a beleza de Marilyn, toda vez que leva sua memória de volta àquele elevador, eu pergunto: eu me pareço um pouco com ela?

E toda vez, examinando-me com atenção, como se nunca tivesse me visto antes, ele responde: não.

3

Meu pai era calculista, vingativo, amante do poder. Houve uma época no hospital de Orbetello em que era ele quem comandava, ninguém ousava contrariá-lo, mesmo que fosse por um detalhe.

Daqueles anos, eu me lembro de algumas coisas. Lembro-me do quarto em frente à sala de operações, lá onde eu fico esperando enquanto ele trabalha. Lembro-me das longas esperas. Terminou?, pergunto de 5 em 5 minutos aos médicos que passam. E finalmente ele aparece na porta, eu dou um salto e pulo em seu colo, meu pai, meu adorado pai.

Há certos ritos com o Professor. Como o de escutar suas histórias de manhã assim que todos chegam, médicos e enfermeiros reunidos.

A Marylin, meu pai conta muitos anos depois da América, ao vivo não era tão bonita.

A equipe concorda.

A Raquel Welch, em compensação.

Diz que a conheceu durante os anos de especialização, uma mulher incrível, foi através dele que sua equipe (gente caipira e provinciana, devo dizer) soube da existência dela, a Raquel Welch é a mulher mais linda do mundo, não a Marylin.

Se quem diz é o Professor, homem viajado, se quem diz é ele, que apertou as mãos de personalidades mundiais como Ronald Reagan — sabia que o Professor é amigo de Reagan? — se quem diz é ele, que tem intimidade com o primeiro-ministro e com o ministro da Casa Civil, para citar apenas dois...

Aqui, para um biógrafo atento, os dados não batem. Lorenzo Ciabatti viveu na América de 1956 a 1958. O primeiro filme de Welch é de 1964.

Mas quem se importa, o Professor continua salmodiando na sala anexa à sala de operações — Marilyn foi uma das primeiras a colocar prótese nos seios. Lá em cima, no segundo andar do San Giovanni di Dio, na sala com poltrona, sofazinhos e cinzeiros, em sua maioria cinzeiros cheios, lá onde eles — de avental verde e touquinha — fumam antes de toda cirurgia, com o paciente já dentro, adormecido, lá em cima ele conta do passado e do presente, ele vaticina, como no dia em que diz reservadamente a Martinozzi: Giuliano, pode avisar, a partir de amanhã a Itália não será mais a mesma.

Naquela noite acontece o golpe Borghese.* 7 de dezembro de 1970. E o doutor Martinozzi, até aquele momento o menos obsequioso, tornou-se o mais fiel: o Professor é a pessoa mais poderosa do País.

Agora: por que um médico assim tão preparado, o único italiano admitido pelo Presbyterian Hospital em 1956 (aos que virão depois, se dirá: o papai era o melhor, por isso foi escolhido pela América. Onde América se torna um conceito vago e vastíssimo que significa excelência), portanto, por que o melhor aluno formado pela Universidade de Siena, além de pupilo do professor Bellini, não vai para o Santa Maria della Scalla, e nem mesmo para Grosseto, sua cidade natal?

Escolha pessoal.

Recém-chegado de Nova York, Lorenzo Ciabatti é convocado pelo Santa Maria della Scalla, em Siena. Bellini, o diretor, e meu pai, um de frente para o outro. Como bem sabe meu pai, em no máximo dois anos ele, Bellini, se aposenta, e conforme decidiram os superiores, o diretor aponta para o teto (a administração? A Região?), será ele, Ciabatti, o seu sucessor, o que o tranquiliza: deixará seu hospital nas mãos de um *fratello*, um cirurgião de alto nível, sabe que na Itália você é o único que fez especialização em Nova York? Os superiores não poderiam ter tomado decisão melhor. Os superiores, os mesmos que mandaram meu pai para Nova York, os mesmos que o colocaram em contato com Ronald Reagan, Robert Wood Johnson II e Frank Sinatra, o diretor ainda está apontando para cima (os santos?). Eles, sempre eles, Bellini continua com o dedo para cima (Deus?), benditos sejam.

Meu pai sabe e agradece, é realmente uma oportunidade, hospital prestigioso, o mais prestigioso da Toscana, enquanto os de Florença estão em más condições, estruturas antigas, sobretudo para ele, vindo da América, coisa de terceiro mundo, já Siena é um modelo para toda a Itália, para uma reforma no sistema de saúde nacional, porque algo realmente precisa mudar nesse país, não para alcançar o nível da América, impossível, mas pelo menos para se aproximar, ficar logo atrás, pensam que é um problema do Sul, e na verdade...

Três anos, e Lorenzo Ciabatti será o diretor do hospital de Siena. O que pode atrapalhar sua carreira agora? A gestão das propriedades da família já está feita. Na semana passada mesmo ele, Umberto e Dante reuniram-se, ordem do dia: os terrenos. Sobre os imóveis não há muito o que discutir: Aldo Ciabatti, ao morrer, deixou doze propriedades no centro histórico, vinte e dois apartamentos e dezesseis fundos espalhados pela cidade, mais obviamente a madeireira Ciabatti e filhos. Já a questão dos terrenos é confusa. Umberto levou um ano recenseando um por um, cem hectares no total, cem hectares ao redor de Grosseto, cem hectares para onde a cidade será obrigada a se expandir, o povo procria e já não tem mais lugar nenhum dentro dos muros, sentencia Umberto.

A ideia é fazer tudo sozinho, construir diretamente, sem vender ou alugar, Ciabatti Construções, fala-se de bilhões, vamos enriquecer, refundar Grosseto. Casas e prédios para os pobres, não para os ricos, assim não precisamos nem de material de qualidade. Mínimo investimento, máximo lucro. E enquanto isso vamos comprar terrenos, outros terrenos, aumentar a cidade, capital, província, metrópoles, Umberto projeta. Todas as propriedades serão disponibilizadas para aluguel, todos os centímetros de terra, especulação imobiliária. Tem que pensar grande, Umberto continua, o terreno da praça Marconi, por exemplo, ali temos que pensar em algo grandioso, não necessariamente um arranha-céu, mas... Sem falar nos terrenos de Marina di Grosseto e Principina a Mare! Umberto fazendo planos: a cara vermelha, os olhos espremidos, duas fendas apertadíssimas. Assim como os irmãos, pois os Ciabatti têm os mesmos traços, marca de fábrica: olhos alongados, sobrancelhas cheias, nariz largo, e a boca: lábio superior fino, lábio inferior pronunciado, o que lhes dá, a todos os Ciabatti, uma expressão de descontentamento perene, e até de aversão, uma careta natural que distancia o próximo. Mas enquanto Dante, o mais velho, tem traços bem talhados, ao ponto de se parecer, em determinado momento da vida, já calvo e imponente, com Mussolini, os outros têm feições mais suaves. Diluem-se de progênito em progênito, como se fossem genes em extinção (o gene Ciabatti!), dando sempre a impressão dessa aversão original, misturada, no entanto, com uma súbita e estranha doçura. O Professor é um benfeitor, o Professor é tão bom...

E assim os três irmãos reunidos discutem sobre o patrimônio. Renzo escuta, aprova, de vez em quando discorda. Dante não faz nem isso, fica em silêncio a reunião inteira, só no fim diz que sim, um sim apressado que deixa Umberto enraivecido: caralho, quer fazer o favor de prestar atenção? E Dante, calmo: veja bem, eu aprecio o que você faz pela família, sem você já teríamos vendido tudo... então vende, pega a tua parte e vende, especialista em lei, advogado! Umberto dispara. E Dante, ainda calmo: não se trata de vender, o seu interesse é local, regional, enquanto eu...

Eu o quê?

Eu estou pensando na Pátria.

Vão tomar no cu, você e a pátria.

Para além dos desentendimentos que transparecem antigos rancores (com a morte do pai, Renzo e Dante fizeram o que bem entenderam, universidade, América, *os formados*, enquanto Umberto cuidava da empresa), tanto Renzo quanto Dante fazem a vontade do irmão. E não erram. Umberto constrói um verdadeiro império, deixemos para lá o fato de que vários acontecimentos manterão quase todo esse império em suas mãos. A longo prazo os irmãos também colherão seus frutos. Aliás, graças a isto, têm a liberdade de se dedicar a outras coisas. E de errar, e de perder dinheiro, o que Umberto não para de lembrar, se não fosse eu... Principalmente para Dante, se não fosse eu, você... repete. O País, a Pátria... resmunga... se não fosse eu, você estava cavando terra com uma corrente no pé.

Fruto do projeto de Umberto, uma espécie de delírio onipotente, mas limitado ao território, é também o Forzasauro, time de futebol de Grosseto cria dele — desta vez sem *os formados* —, do qual ele será presidente honorário por toda a vida. Mesmo velho e com o Forzasauro fundido ao Scarlino, Forzasauro Scarlino, Umberto acompanha o campeonato: todo domingo vai aos pequenos estádios do interior apoiado em sua muleta, sem a qual não consegue caminhar. E de pé, atrás da rede, nunca na arquibancada, assiste à partida, vê os rapazes jogarem, não sabe nem o nome deles, não são os do início, nem os que vieram em seguida, esses são os filhos dos filhos dos filhos. E mesmo assim, a bordo do campo, todo domingo Umberto Ciabatti comove-se, olhos marejados, como se os primeiros, os do começo, os seus, estivessem de volta ao gramado.

Mas voltemos a 1959, Siena. Meu pai sabe que pode contar com a riqueza da família, isto é, pela liberdade, nenhuma escolha obrigatória. Será diretor do hospital de Siena.

O que acontece agora? Por que as coisas não vão conforme o esperado?

É longa a sua reflexão, um raciocínio lúcido. Ou melhor: estratégico. Incompreensível para a maioria. Até porque o homem justo é indiferente à massa, o homem justo, assim como ele, dedica-se ao bem.

Renzo não acredita em Deus nem no destino, a ilusão dos fracos, ele acredita no homem. Na superioridade de alguns deles. Superioridade intelectual que comporta também uma espécie de premonição, chamemos assim, o homem superior tem uma visão lúcida do futuro, a capacidade de estigmatizar causas e efeitos, causas e efeitos, chegando a efeitos muito distantes, cinquenta, cem anos adiante.

Esses homens, na verdade pouquíssimos, privilegiados que se reconhecem e se reúnem, não têm vaidade — a armadilha do homem comum — o seu raciocínio é mais vasto (Itália-América), a medida da força, força nua e crua, que a vaidade por sua vez enfraquece. O homem superior sabe que o verdadeiro poder é invisível.

Caminhando pelas ruas de Siena hoje, 9 de agosto de 1959, Renzo discerne a ambição mundana da força real — caminha, caminha — o sol que bate no centro da piazzetta della Selva deixa os paralelepípedos em brasa. É aqui e agora, na alvíssima luz de uma manhã de agosto, que o Professor hesita. Parado sob a sombra na esquina da ruazinha, de pé na praça, meu pai não está pensando no futuro, na carreira — em três anos você vira diretor — está pensando na América. Está de novo em Nova York, no Rockefeller Center, com Hope, sempre Hope, para quem acabou de dizer não. Coragem, é muito bom, ela insistiu, a gente vai de mãos dadas! Ele ficou sério — eu disse que não — tão sério que a assustou. Tudo bem, ela vai patinar sem ele, vai patinar para agradá-lo.

E sai girando em cima do gelo. Cabelos soltos sobre as costas, patina com destreza. Quiçá quantas vezes deu piruetas sob os olhares de homens desejosos. Ele a vê voar, quase voar, depois subitamente tropeçar, cair — quiçá quantas vezes patinou para um homem, para o desejo de um homem, cem mil, menina ingênua — e rapidamente levantar-se, com o rosto vermelho, mas sorridente, e enfim retomar o passeio, agitando suas pequenas mãos dentro de luvas verdes, goodbye, conforme desaparece — é isto que Renzo vê agora — torna-se transparente, fantasma, vindo em sua direção, quanto mais se aproxima mais se dissolve, goodbye Renzo, quanto mais avança mais perde consciência, ela nunca existiu.

O passado próximo fica turvo, confuso, lugares, ruas, Hope, placas luminosas, torna-se uma única mulher perdida. Uma única mulher sem nome, amada e perdida.

Deixe-a ir, Renzo, abandone o que já foi para abraçar o que vai ser, o que você quiser que seja, renuncie ao efêmero.

Após dois anos de especialização em Nova York, meu pai poderia escolher Siena — as pessoas dizem — direção, cátedra universitária, consultório privado. No entanto, decide imolar-se em um hospital de pouca conta, é uma pessoa simples ele. Lorenzo Ciabatti sacrifica-se em uma cidadezinha pequena pelo bem da gente pobre. E as pessoas falam desta escolha, falam até hoje, depois de anos de sua morte. O Professor era assim, um homem bom, um benfeitor.

Com 31 anos torna-se diretor do hospital de Orbetello. No indicador da mão direita, o anel de ouro com uma safira de quatro quilates e os símbolos laterais, o anel da universidade americana, ouvirá a posteridade. O anel do poder, dirão médicos, enfermeiros, e a gente do povoado: o Professor é um homem poderoso.

Um anel que ninguém nunca pegará nas mãos. Ninguém exceto uma. Ela que o coloca escondido — indicador, médio, polegar, até no polegar fica largo — ela que olhando no espelho dirá a uma multidão imaginária: eu sou a rainha.

---

* Na noite de 7 de dezembro de 1970, um grupo de homens liderado por Junio Valerio Borghese (antigo comandante da Xª Flottiglia MAS) tentou dar um golpe de Estado. O golpe foi interrompido pelo próprio Borghese por razões que nunca foram esclarecidas. Os planos incluíam a ocupação do Ministério da Casa Civil, do Ministério da Defesa e dos escritórios da RAI. Estava prevista a deportação de parlamentares opositores. Os planos incluíam também o sequestro de Giuseppe Saragat, chefe de Estado, e o assassinato de Angelo Vicari, chefe de polícia. Dos estúdios da RAI, diz-se que Borghese emitiria uma proclamação oficial à nação: «Italianos, a almejada virada política, o tão esperado golpe de Estado aconteceu...» (texto encontrado nas gavetas de Borghese). Em um programa de Giovanni Minoli, foi comprovado que a interrupção da ação se deu por ordem dos serviços secretos americanos, que só dariam apoio ao golpe de Estado se Giulio Andreotti tivesse aceitado ficar à frente da nova ordem política, mas ele recusou.

A mais amada

4

Eu sou a rainha, e me olho no espelho.

Meu nome é Teresa Ciabatti, tenho 44 anos, e depois de 24 anos da morte de meu pai decido descobrir quem ele realmente foi. Torna-se a minha obsessão. Não durmo à noite, me distancio de amigos e parentes, me dedico somente a isto: indagar, relembrar, relacionar. Aos 44 anos eu culpo meu pai pela pessoa que sou. Nada afetuosa, inconstante, egoísta, desconfiada, obcecada pelo passado. Primeiro Carbolitium e Efexor, depois Prozac e Rivotril, culpa sua, tudo culpa sua, pai.

Nunca visitei seu túmulo, cemitério de Orbetello, em frente à lagoa. Exceto uma vez, aos vinte anos: pai, faz o Giorgio se apaixonar por mim. E nem lembro quem era Giorgio, talvez um colega da faculdade.

Compulsão por amores não correspondidos. Paolo, Luigi, Guido, Andrea, Stefano, Giorgio. E mais: Matteo, Roberto, Enrico, Luca, Mario, Filippo. Isso também é culpa do meu pai, autoritário, frio, ausente, maldita figura paterna, pai despótico, ameaçador, vingativo, odiosa figura paterna, às vezes doce, dedicado, atencioso. Se não fossem todas idênticas, poderia fazer uma lista das situações humilhantes que vivi com o gênero masculino, nas quais me joguei quase em busca de dor.

Primeira parte

E a vez que apareci aos prantos na casa dele (Roberto ou Enrico?) dizendo que havia alguém me seguindo, e eu estava com medo, muito medo, e pelo interfone ele me disse que estava dormindo, maldito, e que não estava sozinho. Fim.

E quando ele, acho que era o Filippo, me dizia para não insistir, por favor, e eu nem aí, insisti, continuei a telefonar, mandar mensagens, escrever e-mails, te amo, nunca amei ninguém desse jeito, até que já exausto ele foi obrigado a me dizer: não gosto do teu corpo, ok?

E a vez que ameacei me matar, e o fulano, não lembro o nome, me disse: problema seu.

E a vez que procurei o rapaz que tinha acabado de terminar comigo, Mario, desse eu me lembro bem, dizendo que estava grávida, na última tentativa de fazê-lo ficar comigo, e ele me disse, se você quiser vou com você fazer um aborto. E então eu fingi que fiz tudo sozinha, ir até o hospital, abortar, fechei os olhos e senti como se estivessem me rasgando, me arrancando... sair cambaleando do hospital, voltar para casa, para depois contar para ele, pensando que pelo menos isso o faria voltar comigo: desisti de nosso filho por você. Mas ele nada, desapareceu. E eu chorei noites e noites, as mãos na barriga, como se eu tivesse mesmo perdido um filho, quando na verdade nunca houve nenhum.

E a vez que um desconhecido me disse: eu te como, mas vai ter que me deixar mijar na tua boca.

E no entanto, por outro lado, essa garota nem feia nem bonita, cabelo bonito boca bonita, trata supermal quem a corteja, quem ousa convidá-la para sair ou só fazer um elogio, um tímido elogio — cabelo bonito boca bonita — e sente desprezo, quase ânsia de vômito, raiva, uma raiva insuportável de todos os homens que a procuram, que olham para ela com desejo, mesmo que por um instante.

5

Há muito mais detalhes sobre a vida de Lorenzo Ciabatti a partir de 1969, quando entra em cena minha mãe, Francesca Fabiani. A partir daí saberemos de tudo, ou acreditaremos saber de tudo. Saberemos dos dentes estragados, que era pão-duro, da tentativa de interromper a queda de cabelos com uma loção que mandava trazer da América, a Remox do doutor Oscar Klein.

Saberemos como se conheceram.

Órfã de pai («... com sublime estoicismo à espera do inimigo premente, queimou sobre ele os últimos cartuchos de sua arma com viril força de espírito antes de se sacrificar pela grandeza da Pátria. Tenente Riccardo Fabiani. Opyt, Frente Russa, 20 de janeiro de 1943»), Francesca cresce com a mãe, Marcella Pileri, minha avó, Teresa Pileri, sua avó e minha bisavó, e Stefania Fedeli, a prima, minha tia. Vivem nos fundos da loja de chapéus da avó Teresa, na via dei Prefetti 32, Roma. Dormem na mesma cama Francesca, Stefania e Marcella. De noite as meninas se enfiam debaixo das cobertas, pela porta entreaberta reverbera a luz da sala onde Marcella trabalha com sua Singer. Elas adormecem com o barulhinho da máquina de costura: ora é o tinido de um trem, sentadas na janela olhando o mar, ora é um relógio de cuco, um cuco lindo, o passarinho vai sair, cuco! Ora é a ro-da-gigante do parque de diversões, e elas lá em cima, girando

Primeira parte

no céu, lá no alto, nunca estiveram tão alto! O mundo lá embaixo, muito pequeno.

Durante o dia Francesca e Stefania ficam na loja. De trás do balcão, espiam as senhoras experimentando chapéus. Plumas, abas largas, estreitas, véu. Todas querem com véu. De noite a mercadoria é reposta nas caixas, exceto as cabecinhas de poliestireno onde ficam apoiados os chapéus, as cabecinhas que na penumbra parecem cabeças decepadas, tanto que Francesca precisa baixar os olhos e ficar mais perto da mãe, uma mão, uma perna, um contato qualquer para aplacar a angústia, porque há noites em que ela sonha que as cabecinhas estão vivas e têm olhos e bocas, e sente medo. Se ela pudesse sumir com elas... sumiria só com elas, com o resto não: lojas, chapéus, empregados, os ratos lá fora, até com os ratos ela ficaria. Até chegar ao colégio.

No colégio, o trabalho da vovó vira um problema no momento exato em que ela descobre que algumas daquelas senhoras, de cujas cabeças a mãe, trepada numa cadeira, pega as medidas, aquelas senhoras que ficam se admirando no espelho sem nem enxergar Marcella atrás delas, como se ela fosse de fumaça, sem lhe dirigir nenhuma palavra a não ser a aba mais larga ou o véu mais curto, pois bem, aquelas senhoras elegantes são as mães de seus colegas de escola. Antes Francesca nunca tinha refletido sobre as diferenças sociais. Antes eram todos iguais, eram todos crianças. Agora tem o Vittorio que mora na praça Fontanella Borghese em um prédio que tem seu sobrenome! Agora tem o Vittorio que certo dia a convida para estudar em sua casa. E tem ela que atravessa o pátio do prédio com uma fonte no meio, ela que sobe a escadaria de mármore e se sente desconfortável, tão desconfortável, e pequena, e inadequada, que a cada degrau seu passo fica mais pesado, ainda mais pesado no corredor onde vê austeros bustos de antepassados, um atrás do outro, bustos com olhos e bocas como as cabecinhas de poliestireno de seus pesadelos, e sua respiração fica ofegante, seu coração acelera, os olhos se enchem de lágrmas — vergonha, medo? — este lugar não é para você, Francesca Fabiani, e o medo torna-se raiva.

Assim, minha mãe recompõe-se e volta para trás, corredor, escadaria, pátio. Ligeira, leve, respiração e coração novamente regulados.

Do seu jeito, é uma menina insolente, desafia as regras, foge dos deslumbramentos fáceis. Orgulhosa, Francesca Fabiani, filha de Marcella Pileri, modista, e Riccardo Fabiani, morto na guerra, vai se tornar a mulher que desejar ser, o que alcançará com seus próprios esforços, adeus príncipe Vittorio, dono da casa que ela nunca conhecerá.

A vida de minha mãe se desenrola entre a via dei Prefetti, loja, e a praça do Collegio Romano, liceu clássico Visconti. Ela se esforça e tem boas notas, mas não excelentes. À tarde estuda com Fiorella, filha de um porteiro. Com ela Francesca se sente bem, não tem vergonha de convidá-la para sua casa, nem se perturba com a casa dela, o mesmo camão onde dormem três pessoas, a mesma cozinha que também serve de sala.

Mas como você acha que a gente reconhece o amor verdadeiro?, Fiorella pergunta, o queixo apoiado no livro. Minha mãe bufa, eu lá sei, e nem lhe interessa.

Fiorella tortura-se cutucando a testa, dá uma olhada se estou com uma espinha?

E enfim: de nós você é a quem tem os seios mais bonitos.

Francesca levanta os olhos do livro: que assunto é esse agora?

Primeira parte

Quando termina o liceu, minha mãe decide estudar Medicina. Para minha avó não é fácil mantê-la estudando, mas acaba conseguindo, graças a trabalhos extras que faz como costureira. Ela quer o melhor para a filha, para a órfã de pai que guarda em uma caixa de lata debaixo da cama os cartões-postais do Front («Para minha menina. Penso em você o tempo todo. Papai»).

Francesca Fabiani diploma-se com nota máxima e louvor. Família orgulhosa, principalmente Stefania, que mais do que prima é sua amiga. Stefania e Fiorella, as melhores amigas.

Ela guarda as fotos que têm juntas da semana que passaram em Tremiti. Minha mãe na água, touca de flores brancas na cabeça, e boias. Não sabe nadar. Ri — dentes branquíssimos. Minha mãe ri para Fiorella, que tira a foto. Tira a boia! Fala sério: vinte e cinco anos, dois namorados nas costas, quem a quiser vai ser assim. Não mudará por ninguém, que fique claro, sobe nas pedras, físico enxuto, prefere ficar sozinha, anuncia. Agora está de pé, a boia no quadril, o tom seguro de quem sabe o que quer, é uma mulher autônoma, melhor ficar solteira do que se casar com o homem errado.

E qual seria o homem errado?, Stefania pergunta deitada nas pedras, sem nem abrir os olhos, este ano quer ficar com a pele preta.

O que tira a sua liberdade, o que te impede de trabalhar.

Fiorella — biquíni cavado — apoia a máquina fotográfica: mas trabalho não é tudo na vida.

Minha mãe levanta os olhos para o céu.

Mas temos que ser práticas, Fiorella diz, mais para si mesma, talvez você não encontre o homem perfeito... mas terá uma família, filhos. Imagina uma menininha com os seus olhos, o seu cabelo, consegue imaginar, Francesca?

A mais amada

Depois de formada, ela se especializa em anestesia. Minha mãe entra no Gemelli, na equipe do professor Pietro Valdoni, o Melhor, chamam-no assim, médico do papa, o homem que salvou a vida de Palmiro Togliatti.[1] O que mais uma recém-formada pode desejar? Esforçou-se para se tornar médica, é a sua missão, a ideia de ajudar quem está mal, confessa às amigas com paixão... e fica com lágrimas nos olhos. Quanta retórica, France', Stefania rebate. Deixa disso, Fiorella a defende, é bom ter um sonho na vida.

Minha avó também acredita no sonho da filha. Na loja, tirando a medida da cabeça das clientes: minha filha médica fala; minha filha médica faz; ah, senhora Clara, já contei que minha filha se formou em Medicina?

A única coisa que falta para completar o status burguês é uma casa. Minha avó gostaria de dar uma para a filha.

Graças a um empréstimo bancário e à indenização de guerra do marido, Marcella Pileri pode pensar em comprar uma casa. Vai ver um apartamento no novo bairro Parioli. Primeiro andar de um predinho que fica em um distrito: senhoril, elegante, grandes vidraças para o verde. Infelizmente custa mais do que o previsto, sem considerar as despesas ordinárias, porteiros, jardineiros, condomínio. Não pode se permitir. Tem vergonha de assumir, diz gaguejando que precisa pensar, dirigindo-se ao corretor encarregado das vendas. O prédio está quase pronto, faltam só alguns detalhes: portas, janelas, pisos. Muito bonito, realmente lindo, minha avó diz, pedindo desculpas pelo incômodo, mas antes prefere ver outras casas, não pode decidir assim num piscar de olhos. Neste momento, aparece um homem na abertura da porta ainda não instalada. Alto, paletó e gravata. Raul

---

[1] Político e líder do Partido Comunista italiano, foi salvo em cirurgia após ter sido baleado por um opositor fanático, em julho de 1948. [N. T.]

Primeira parte

De Sanctis, apresenta-se a minha avó beijando-lhe a mão. O engenheiro, esclarece o corretor. O engenheiro Raul De Sanctis em pessoa, construtor do distrito. Minha avó fica sem graça: boa tarde, senhor.

Talvez De Sanctis sinta pena daquela mulher de caráter, viúva de guerra. Compreende que o problema dela é dinheiro, então baixa o preço, facilita o pagamento com prestações mais largas. Esse apartamento, com o tempo — pouquíssimo tempo, o bairro está em plena ascensão — será um pequeno tesouro, De Sanctis assegura. Tinha razão.

É em 1967 que minha mãe se muda com minha avó e minha bisavó para a casa da via Monti Parioli 49a, onde passa pouco tempo, o hospital é sua verdadeira casa: para além dos turnos longuíssimos e dos horários reais, também conta o fator emocional. Francesca tem dificuldade em deixar os pacientes. Tudo bem, devagarinho ela se acostuma, pensa. Mas ainda não consegue administrar sua empatia, a tal ponto que Valdoni precisa chamar sua atenção: tem que separar os sentimentos do trabalho, impossível alguém pensar em seguir esta carreira se é sensível demais.

Francesca pede desculpas, promete que vai mudar.

Principalmente com a menina, enfatiza Valdoni.

Vou mudar, professor, ela garante.

Não muda. Dois dias depois, um ursinho de pelúcia nos braços da pequena doente de leucemia, o segredo das duas, olha lá hein, ninguém pode saber que foi um presente dela. A menina, sem soltar o urso, abraça a doutora, um abraço triplo. Doutora, menina, urso. Como é macio, a coisa mais macia que ela já viu na vida...

O hospital preenche os dias de minha mãe, e as noites. Os encontros com as amigas Fiorella e Stefania tornam-se raros, para os rapazes então, não encontra tempo nenhum (dá uma chance, tadinho, Stefania e Fiorella a incentivam a sair com o único rapaz que lhe manda flores e a espera na porta de casa. Por favor, ela rebate, ele tem olhos malignos... E riem, ficam rindo deitadas na cama. Pensam que está em tempo, ainda não correm o risco de ficar solteironas, cinco anos ainda, em cinco anos a gente pega o primeiro que passar).

Desde que se tornou médica, é como se o mundo ao redor falasse com ela em forma de pedido de ajuda, ou prestes a morrer. Ela é aquela pessoa que socorre a velhinha que precisa de ajuda na rua, aquela que medica o menino que acabou de cair da bicicleta no parque, aquela que fica conversando com o homem que pede esmola, e chega a levá-lo em casa para lhe oferecer uma refeição quente, com minha avó que fecha a cara porque não quer desconhecidos por perto, ainda mais quando fedem, que fizesse no hospital suas boas ações.

Minha mãe sai e volta para casa em horários fora do comum. Na escada, às vezes cruza com Ambra, a filha dos Angeloni, terceiro andar. Bom dia boa noite, nada além disso. Não sabe quase nada dela, sabe que tem mais ou menos a sua idade, e que ela trabalha como secretária de um tabelião. Bom dia boa noite, de novo na escada. Sente ternura por essa moça imponente, os ombros curvados para parecer menos alta, engolida pelas roupas para esconder seu corpo, principalmente os seios. Uma garota que certamente não atrai a atenção dos homens, e sim a piedade das mulheres, das mais sensíveis, como minha mãe, que reconhecem sua fragilidade nos movimentos desajeitados e nos olhos sempre baixos.

É inverno, um inverno romano muito frio, quando tarde da noite alguém toca a campainha. Minha mãe levanta-se, minha avó também, minha bisavó não, sono pesado. Na porta a empregada dos Angeloni: desculpem-me pela hora, de roupão, chorando. Olha para minha mãe: doutora, ela se matou. De camisola, descalça, minha mãe sobe no terceiro andar, o general Angeloni e a esposa estão no hall. Está morta, a mulher chora. Minha mãe pergunta onde está. No banheiro, o general responde. Enquanto eles permanecem inertes, ela avança pelo corredor, os apartamentos do bairro são todos iguais, planta idêntica (obrigada, engenheiro De Sanctis). A porta do banheiro está encostada, ela abre. Na banheira cheia de água vermelha de sangue ela vê Ambra, inconsciente, cortou as veias. Ambra, Ambra, minha mãe a sacode, mas ela não se mexe. Pega duas toalhas e amarra os pulsos para interromper a hemorragia, tenta tirá-la da banheira, meu deus, como pesa. Está vestida, camisa de gola alta, saia e meia-calça. Na saia, um alfinete. Como pesa, finalmente minha mãe consegue tirá-la da banheira. Ambra, minha mãe a esbofeteia, Ambra! Sente o pulso, ela não está morta, Ambra Ambra, até que ela começa a abrir os olhos, são azuis. Ela pisca, desnorteada, onde está, o que aconteceu, respira, começa a se lembrar, mexe a cabeça, tosse: ele me violentou, diz.

A mais amada

6

Orbetello, província de Grosseto, é um município de oito mil habitantes (quatorze mil novecentos e seis, hoje) localizado no meio da lagoa homônima, uma importante reserva natural. Economia principal: pesca, piscicultura, turismo; indústria: Montecatini, grupo Montedison (fertilizantes químicos e produtos explosivos). Mas a Montecatini não oferece garantias a longo prazo, pode fechar, despedir, quem é que viu os verdadeiros patrões. Pois bem, se a fábrica não oferece segurança para o futuro, há outra estrutura na região que o faz. Você entra e fica o resto da vida: o hospital. San Giovanni di Dio, estrutura de excelência, tanto é que em 1969 já contava com uma unidade de radiologia de última geração, bem diferente da unidade de Grosseto. Isso graças ao diretor que estudou na América e que fez o pequeno hospital do vilarejo se tornar um polo avançado, além de uma referência para todo o sul da Toscana: Porto Ercole, Porto Santo Stefano, Isola del Giglio, Talamone, Massa Marittima, Capalbio, Pitigliano, Manciano, Magliano in Toscana, Grosseto. E para o norte do Lazio: Montalto di Castro, Tarquinia, Tuscania, Viterbo. Na verdade, tem gente que vem até de Roma fazer cirurgia com o Professor. Uma sumidade, dizem, um homem de grande humanidade.

Excelente cirurgião, garante o professor Valdoni à aluna. É uma oportunidade, doutora — Valdoni de novo —, só tem mais um anestesista no hospital, é experiência, três meses de experiência que equivalem a um ano no Gemelli.

Minha mãe está prestes a recusar, não quer deixar colegas, pacientes. E nem minha avó, não consegue ficar longe dela, seria a primeira vez. Está a ponto de se levantar, apertar a mão de Valdoni e agradecer-lhe por ter pensado nela, agradecer sinceramente, mas ela prefere continuar em Roma. Já está começando a falar quando Valdoni explica que o cirurgião-chefe de Orbetello é seu amigo pessoal, um amigo ao qual deseja fazer uma gentileza.

Francesca Fabiani chega a Orbetello, província de Grosseto, em 18 de fevereiro de 1969. Três meses passam rápido, pensa consigo mesma. A vida de cidade pequena a assusta. Imagina tédio e desolação. Tudo bem que ela vem de uma família humilde, mas já viu muita coisa: festas, vestidos de noite...

Um metro e cinquenta e oito, dada a descrição do povo de Orbetello, ela vai parecer muito alta. Uma romana alta e morena.

Talvez seu físico proporcional, os quadris estreitos e as pernas longas causem uma ilusão visual.

Não que ela tenha uma grande estrutura óssea, nem um corpo robusto, pelo contrário, é musculosa e compacta. Tem ossos pontiagudos, e olhos marcados. Você não dormiu de novo essa noite, minha avó suspira. Mãe, eu nasci com olheiras.

Sobrancelhas finas (culpa da moda da época: não crescem mais porque foram muito depiladas, o mesmo com Fiorella e Stefania), cabelos tão grossos que não mudam nem com o tempo úmido.

Aí vem ela, estacionando seu Cinquecento vermelho em frente ao hospital, em meio a reclamações dos clientes do bar da frente, que na verdade são médicos e enfermeiros. Aí vem ela, Francesca Fabiani, jeans, cabelos soltos, bolsa de couro, a imagem da independência feminina. Da rebelião, da liberdade, daí para baixo. Pois muitos vão lançar suas hipóteses — puta, lésbica, bruxa — e muitos vão rotulá-la. Comunista, militante rebelde, extremista de esquerda.

Estamos em 1969, no hospital de Orbetello não há médicas, e não haverá médicas por mais vinte anos. Até a morte do Professor. Muitos dirão que foi um acaso, outros dirão que o Professor não confiava nas mulheres. Minha mãe está entre os que acham que foi um acaso, o Professor respeita as mulheres, ela se esforça para refutar o machismo, olhem para mim, vejam as oportunidades que ele me deu!

Mas isso acontece depois de alguns meses. Por enquanto ela ainda está do lado de fora procurando a entrada, deveriam se dar ao trabalho de colocar placas. Encontra uma grande porta de entrada, entra: pronto-socorro. Caminha mais à frente. Olha através de um portão: câmara mortuária. Volta para trás. Para em uma capela. Uma capela pequena que parece uma gruta, sem janelas, quatro bancos, um altar e, no fundo, ocupando a parede inteira, Jesus Cristo na cruz. Um Jesus Cristo desproporcional. Benção ou maldição?

Benção! Deus me livre: para Francesca Fabiani o bem está em tudo. Para a menina pura que é, para a boa mulher que começa a se tornar, pelo exemplo de caridade e sacrifício que ela acredita ter encarnado (você não é boa, não é santa, você é o demônio! Eu gritando no corredor de casa muitos anos depois).

Na porta da capela, minha mãe fica encantada diante desse Jesus que ela vê como um mensageiro dos céus, como se lhe dissesse vai ficar tudo bem, eu te garanto... pois sua fé é um pouco infantil, mais ligada à fantasia do que ao dogma.

E assim, na porta da capela, revigorada pelo Jesus tridimensional, minha mãe dirige-se a um porteiro: onde é a entrada. Ele mostra a escadaria. Este hospital não faz sentido, mexe a cabeça, é uma porcaria, deixa escapar.

Mais tarde, quando vai conhecer o Professor, do outro lado da mesa ela vê o porteiro. Ele estava desarrumado, não estava usando o jaleco, justificará seu erro a nós, seus descendentes.

Ele a olha. Ele a olha já satisfeito de ter algum poder sobre ela, pois aquela frase — esse hospital é uma porcaria — gera culpa. Mas como se trata de um homem magnânimo, ele sorri. E perdoa.

Naquele mesmo dia Francesca é apresentada à equipe. Apertos de mão, sorrisos, todos parecem tão disponíveis...

A lição da mãe — não confie rapidamente nas pessoas — ela nunca aprendeu, nem vai aprender. A vida inteira Francesca Fabiani manterá o hábito de se jogar nas mãos do primeiro que aparece, de abrir as portas de casa, de às vezes confiar a administração do dinheiro, para depois, de um dia para outro, pôr fim à relação sem grandes explicações, colocando em alguns casos um advogado no meio.

Mas voltemos àquele primeiro dia. Jaleco branco, turno começando. Depois do encontro cara a cara, Francesca vê novamente o Professor no corredor e na sala de cirurgia. Cumprimenta-o, ele responde com um aceno de cabeça, baixando os olhos. É tímido, ela já entendeu. Tímido, fugidio, introvertido, ela se dá conta de que está pensando nele. Pensando nele cada vez mais. Passam dois meses, três. Rabugento, sensível, escrupuloso, vai compondo um quadro dele mês a mês. Quando o telefone toca pela primeira vez de madrugada, ela acorda pensando que é o hospital, uma emergência.

A mais amada

Alô, alô, responde. Do outro lado, silêncio. Alô. Silêncio. A mesma coisa uma segunda vez, uma semana depois. E uma terceira, quarta, até se tornar um hábito. Quase toda noite Francesca recebe um telefonema mudo. Sabe que do outro lado é ele, ela tem certeza. Ele quer ter certeza de que ela está bem, que está em casa. Não, Francesca Fabiani não pensa nem por um segundo que ele talvez queira assustá-la.

Ela tem trinta anos, ele, quarenta e um.

Ele é solteiro, o solteiro mais cobiçado da Maremma, e não pela aparência. Um metro e setenta e quatro, pouco cabelo, sobrepeso. Dentes pequenos, tortos desde a infância. Mandíbulas pouco pronunciadas e queixo retraído dão-lhe um ar dócil, às vezes melancólico.

Os olhos também — castanhos, quase amarelos — caídos na lateral externa, assim como os lábios — flácidos, os de baixo mais pronunciados, selo Ciabatti, eu já disse, né? — sugerem a imagem de um cachorrão manso.

As mãos não. Mãos pesadas. Um tapa dele certamente doeria. Como se a verdadeira força — independentemente da altura, independentemente do físico atarracado — estivesse ali, nas mãos de unhas feitas, nas mãos de dedos peludos como os de um ogro, nas mãos onde vive o anel.

O anel não é a única joia. No pulso, o Professor usa um relógio de ouro maciço, no pescoço uma correntinha com crucifixo, essa também de ouro, tudo de ouro, tudo é ouro.

É o solteiro mais cobiçado da Maremma.

Este homem normal, nada elegante, às vezes desleixado (mocassim furado, meias despareadas). Este homem que come mal, só de noite uma refeição completa. Entre uma cirurgia e outra, Coca-Cola: ele morou na América... este homem que fuma quatro maços de cigarro por dia.

Muitas sonham com o papel de esposa do Professor, porque é rico — proprietário de meia Grosseto, dizem — carismático. Tem amigos poderosos, há rumores. Governo, Vaticano, Exército. Tem relações com a América.

Dizem que ele tem uma namorada americana, mas ninguém nunca a viu, será que é bicha? Pelo amor de Deus, não digam bobagens... Está sempre na América, vai e volta. Grosseto também tem várias mulheres. E aí chega essa doutorazinha de Roma — já viu? O que será que tem de especial. Dentes de cavalo. Alegre, sorridente, usando calças, ela chega e ganha o homem. Alpinista social, vadia, feiticeira, até disso vão acusá-la nas cartas anônimas.

Em poucos meses tudo acontece: paqueram-se, desentendem-se, fazem as pazes. O primeiro encontro, o primeiro beijo.

O Professor, um rabugento nato, abre-se com Francesca, divide com ela suas dores: é órfão, mãe e pai estão mortos. Oh, tadinho, ela se comove. Não, não morreram ao mesmo tempo, um ano de distância, antes papai, depois mamãe, ele se confidencia. Papai de infarto, mamãe... bem, é difícil falar da mamãe.

Francesca faz carinho nele, ela compreende, na verdade não, compreende só em parte, pois uma coisa é perder um dos pais, como aconteceu com ela, outra é perder os dois. Deve ser atroz, um suplício sem fim.

Renzo baixa os olhos, e concorda.

É difícil falar, contar daquela noite em que a estufa pegou fogo e mamãe morreu enquanto dormia. Carbonizada. E ele, quando soube do incêndio, ele que queria entrar, foi impedido pelos bombeiros, me deixem entrar, ele que lutava para se soltar, me deixem, tentava se soltar para ir salvar a mãe, mamãe. Tarde demais. Se ele tivesse ficado em casa só naquela noite, se tivesse ficado com ela...

Francesa começa: não foi culpa sua... e cala-se. Cala-se diante de tamanha tragédia e sofrimento e destino.

Tempos depois, uma noite em que tinham acabado de fazer amor, ela arrisca: me conta da sua mãe.

Ele se enrijece.

Como ela era.

Normal.

Ela o abraça, segura seu rosto com as mãos, queria dizer que agora ela está aqui para cuidar dele — olhando-o nos olhos — a partir de agora estou aqui, meu amor.

Estamos em abril.

Em junho meu pai leva minha mãe a Grosseto para conhecer a família.

Viale Metteotti 11, terceiro andar, casa dos Ciabatti, Umberto Ciabatti.

Irmãos, cunhadas e sobrinhos os recebem na porta: Renzo, Renzinho! Você deve ser a Francesca: finalmente! Tio, que presente você trouxe para a gente? Giulio, você vai levar um soco agora. Pai, o Giulio me deu um chute na canela! Desculpe, Francesca, você sabe como as crianças são...

Renzo os apresenta: Umberto, Dante, Giordana, Malvina, e as crianças, os pequenos Ciabatti: Giulio, Riccardo, Laura, Aldo, Enrico, que se parecem muito, a expressividade dos olhos e da boca, dá para ver que são da família Ciabatti.

Na cozinha, sentada na cabeceira da mesa, uma velhinha de cabelos brancos arrumados em um coque. Francesca cumprimenta, bom dia, deve ser uma tia, até que ouve Renzo dizer: mamãe.

Francesca está confusa, deve ter entendido mal.

Minha mãe, Renzo reitera.

Primeira parte

53

E como Francesca não reage, insiste em acreditar que aquela é uma tia, uma velha tia, Renzo conta a todos: eu disse a ela que era órfão de pai e mãe, mamãe morta em um incêndio. Todos riem, a velhinha levanta os olhos do prato: você bem que gostaria, fulmina-o.

Que é isso, mamãe, ele replica. Todos riem, exceto Francesca. Nenhum incêndio, nenhum órfão. Renzo tem esse lado juvenil, desde criança, diz Umberto, por ele estaríamos todos mortos. Você bem que gostaria, maldito, a mãe repete. Conta para ela do Giorgetti, da brincadeira que ainda faz o coitado do Giorgetti chorar, Giordana intervém. Francesca então relaxa, sorri. Renzo é assim, brincalhão. Tudo o que ele fala é piada. Ou prova de amor? E ela que durante meses cuidou do órfão, pensa. E agora encontrar a mãe em carne e osso, a mãe do homem que ela ama, a qual acreditava estar morta... Mas ela é uma boa mulher. Não fica indignada como qualquer outra mulher ficaria, ela, Francesca Fabiani, é diferente. Abraça com força aquela mulher pequena, a abraça com os olhos cheios de lágrimas, e a chama de mamãe. Assim mesmo: mamãe, ela diz. Uma tentativa de reparar a dor. Enquanto a velhinha sussurra em seu ouvido: vocês fizeram amor?

É claro que alguma coisa muda. Não é o luto o motivo de tanto silêncio e das reticências de Renzo. Era assim que minha mãe o havia explicado para si mesma, em sua cabeça era um menino que havia perdido os pais, um menino traumatizado, um rapaz amargurado, um homem triste. Quem é agora? Quem está sentado ao seu lado na cozinha de Umberto Ciabatti, quem é que segura sua mão e anuncia aos familiares: vamos nos casar.

Tumulto, alegria, os sobrinhos correndo ao redor da mesa. Abraços, que notícia maravilhosa, oh Renzo, oh Francesca! Brindemos!

A mais amada

Jole Ciabatti, minha avó, limita-se a sorrir. Sorri e balança a cabeça. Vocês fizeram amor, repete consigo mesma, sem que ninguém preste atenção. Alzheimer. Mais dois anos e ela vai para uma casa de repouso. Mais dois anos e ela vai olhar os filhos, noras e netos com o olhar vazio, exceto por alguns raros lampejos em que nos confunde com gente que morreu há anos. Mamãe, ela me diz quando estou com seis anos, eu não fiz amor, te juro.

Em meio a tanta felicidade após o anúncio, o único que fica em silêncio é Dante.

Dante Ciabatti,* o mais velho. Examina minha mãe. Alegre, ingênua, expansiva, expansiva demais, romana, comunista, deve ser sim comunista. Essa aí vai querer dar opinião, Renzo, vai querer te controlar, Dante decreta a meu pai, que nunca dirá a verdade a minha mãe: todos já te adoram, é o que vai dizer.

Em poucos meses tudo acontece: mentiras, verdades, presentes. No hospital, em seu consultório — duas saletas lotadas de quadros, prataria, e peças etruscas roubadas de tumbas, todas cortesias de pacientes — meu pai entrega a minha mãe o presente de noivado. Talvez não lhe agrade, ele vacila, queria lhe dar algo útil, algo que ela possa usar, o anel virá depois, não tenha medo, mas agora queria algo diferente, talvez tenha errado, nesse caso ela pode trocar.

Maletinha preta.

Ela abre: talheres. Um jogo de talheres de prata — banhados em prata, descobrirá mais tarde — um jogo de uma dúzia. Ele reforça que ela pode trocar.

Imagina trocar, minha mãe comemora, ela gostou! Nunca alguém lhe deu um presente assim tão, tão... não consegue defini-lo. Em suma, aqueles talheres são o sonho da família. Sim, ele concorda, foram comprados na joalheria Cocchia em Grosseto.

Ela então imagina a cena. Visualiza Renzo entrando na loja, olhando ao redor sem jeito. Imagina-o se aproximando do senhor Cocchia para explicar a situação: precisa de um presente para sua noiva, algo que fique marcado.

Mas imagina errado. Em vez disso, deveria imaginar Nova York, um cinema no Chelsea, outra mulher...

Naquela noite, no fim do turno, minha mãe sai do hospital com a maletinha.

Vendedor de porta em porta, representante, testemunha de Jeová.

★ Dante Ciabatti (1921-1997), conhecido como o Incansável, lutou na x° Flottiglia MAS e participou do golpe Borghese. Antes de deixar a Itália, Licio Gelli nomeia-o diretor da Frente Nacional. Foge para a Suíça. Em 1974, volta para a Itália e fica hospitalizado durante cinco meses na clínica Villa Flaminia devido a um «problema cardíaco» que nunca foi ou será diagnosticado. Morre em 1997.

7

O preto não, eu quero ir colorida... e a bolsinha prata e as sandálias de salto alto, aqui em Orbetello há só uma loja de sapatos e eles não têm sapatos de salto alto, eu deveria ir para Grosseto, mas com os turnos no hospital, quem dera, desculpe mãezinha se peço tanta coisa, se pudesse eu mesma iria para Roma, tente entender, Francesca implora por telefone, é uma noite importante.

Vai com ele?, Marcella pergunta, do outro lado.

Depois eu explico, a filha responde, evasiva.

Francesca, Marcella se irrita, é bom você não ir chamativa demais, gente de cidade pequena adora uma fofoca.

E começa a falação sobre respeito, honra, idade de casar, mas Francesca não está mais escutando, já ouviu mil vezes (...intocada, você tem que chegar lá intocada...), está com a cabeça em outro lugar, no sábado, na festa da aeronáutica (...nunca mostre as coxas...), é a primeira vez que o Professor vai a uma ocasião pública acompanhado de uma mulher, e ela quer que ele sinta orgulho da pessoa que estará ao seu lado, da doutora que veio de Roma, ela sabe quantas queriam estar em seu lugar, por isso tem que estar adequada, a mais adequada, de vestido Pierre Cardin e bolsinha prata (...31 anos, Francesca, pelo amor de deus, você já dedicou tempo demais aos estudos, agora está arriscando, é isso, você está arriscando... não quer usar palavras depreciativas), ela se

Primeira parte

imagina no terraço da aeronáutica, de frente para o mar, os dois olhando-se nos olhos, as luzes da cidade do outro lado, horizonte, galáxia remota.

Solteirona, minha filha, a voz da mãe repreendendo-a do outro lado da linha, você está arriscando ficar solteirona.

A esta altura em Roma todas as amigas estão se casando: Fiorella, Stefania, e daqui a alguns meses Ambra. Isso mesmo, até a Ambra, que parecia destinada a ficar sozinha. Mas está se casando, e casando bem: o tabelião com quem ela trabalha, viúvo, uma filha, vinte anos mais velho que ela. Ela não me disse nada, Francesca responde, atônita. Logo depois liga para a amiga: por que você vai se casar com ele? Foi o único que realmente me quis de verdade. Minha mãe rebate, talvez ela tenha apagado o passado, esquecido o que aconteceu... Ah, Ambra tenta minimizar, Giorgio é impulsivo...

A notícia deixa minha mãe tão perturbada que sua felicidade esvaece. Confidencia-se com meu pai: como ela pode se casar com aquele homem? Como alguém pode se casar com o homem que te violentou? Eu estava lá, Renzo, eu tirei Ambra cheia de sangue da banheira... como alguém pode escolher passar a vida com seu agressor? Mamãe não se conforma.

Em uma sexta-feira de julho minha avó, Marcella Pileri, parte em direção a Orbetello acompanhada de Piero Pileri, seu irmão: vai rever a filha que não vê há um mês, vai ver se está comendo, se está saudável, e até verificar o ambiente em que está, não que ela desconfie de nada, Francesca se dá ao respeito, Piero afirma durante a viagem, é que ela não sabe ver o mal no próximo. E tem as olheiras... acha normal, Piero, que uma moça da idade dela tenha círculos pretos ao redor dos olhos?

Minha avó espera o pior. Na viagem Roma-Orbetello anuncia ao irmão mais novo — que se tornou mais velho

A mais amada

depois que ela diminui a própria idade em dez anos: se ela estiver mal eu a levo embora, que se danem os tais superprofessores, esse Valdoni, o que interessa é a saúde da minha menina.

Com a imagem da filha magérrima, pálida, e de olheiras escuras em sua cabeça, minha avó quase não reconhece a jovem sorridente que desce correndo as escadas do hospital, bronzeada, cabelos soltos. Linda, lindíssima, jaleco branco. A mulher que atravessa a rua e se joga em seus braços. Obrigada, ela diz ao pegar a mala, estou tão feliz, mãe.

Sim, é verdade, ela está ótima. Até as olheiras desapareceram.

Me diz pelo menos quem é, Marcella procura saber, Francesca havia lhe dito que conhecera alguém.

Minha mãe desconversa, vai dizer depois, por enquanto é para confiar nela, não vê como está emocionada, há anos não se sentia assim, há anos, talvez mais tempo.

Me diz quem é, minha avó repete.

Um homem especial.

O Professor tem um Lancia Flavia velho que está na hora de trocar, todos dizem, principalmente Nino: não consigo ver o senhor naquele negócio, Professor. O carro para o tempo todo, e quem corre para ajudar? Quem vai socorrê-lo na via Aurelia toda vez? Nino, sempre o Nino. Mas o Professor é cabeça-dura. Homem simples, trabalhador, não tem mania de grandeza.

Lá está ele com seu Lancia branco, às 20h, 12 de julho de 1969, lá está ele na via del Rosso esperando a namorada. Ninguém apostaria, acreditavam que era solteiro. Dedicado demais ao trabalho, pão-duro demais. O Professor nunca dividiria seu patrimônio com uma mulher. Sabe o arranha-céu de Grosseto. Há rumores de que é seu. Tá de brincadeira, o Professor é o homem mais rico de Grosseto, ele e os irmãos,

Primeira parte

59

gente com dinheiro, dinheiro de verdade. Mas quando desce no CRAL, nunca leva nem um trocado. Deixei a carteira lá em cima, ele diz com seu jaleco branco e seu babuche, é assim que desce para o bar. De jaleco, babuche e seu séquito de médicos atrás. E toda vez a Sindelica lá detrás do balcão: para o senhor é tudo grátis, Professor. Até porque quantas vezes ele cuidou dela, dela e de todos os seus parentes.

Ninguém diria que um dia ele estaria esperando a namorada em frente de casa para ir a uma festa. E, no entanto, aconteceu. Acontece.

O portãozinho abre e ela aparece: bronzeadíssima, cabelos presos, salto alto, vestido... Vê se pode isso agora, o Professor se contorce por dentro, com todas as cores que há no mundo, com todas as cores normais que há no mundo...

Não estava encontrando os sapatos, ela entra no carro, minha casa está uma bagunça, sempre digo que preciso arrumar... E relaxa no banco. Não tenho tempo nem de lavar a roupa... em seguida, para. Olha para ele. Nem se cumprimentaram, ela o atropelou com sua falação, tadinho, começa a rir, ele taciturno, por que raios foi arrumar uma mulher assim, ela jura que quando forem marido e mulher vai falar menos, jura! E se estica para dar um beijo nele, até nisso ela é mais rápida que ele, mais proativa. Sempre é ela que o beija. Não em público, não no hospital. Nunca faria isso.

Ele liga o motor, ainda em silêncio.

Estou bonita?, ela pergunta, um pouco depois.

Sim, ele responde, vacilante.

Diz a verdade.

Verde demais.

O vestido é de um verde vivo. Meu pai não sabe que é um modelo Pierre Cardin, um Pierre Cardin cobiçadíssimo que minha mãe fez a loucura de comprar com as economias dos primeiros salários. Ele não sabe, e nem entende. Para

A mais amada

Lorenzo Ciabatti elegante é o preto, a pele, o ouro, muito ouro. Na verdade, ele não sabe muito bem o que é elegância — é só olhar para ele — mas acredita saber, e aquele vestido não é. E se é para ser sincero, tem vergonha de ir à aeronáutica com Francesca vestida daquele jeito.

Não é pelo sutiã, que ela não está usando, é aquele verde, aquele verde-limão quase fluorescente que realmente o incomoda.

Francesca Fabiani é um tamanho P generoso, tem seios pequenos e firmes que ficam em pé sozinhos. Não é uma mulher extravagante. Nunca usa maquiagem, decotes ou roupa curta. Não usa sutiã, é verdade. Mas não por sem--vergonhice, é só uma mulher que cresceu entre mulheres. Acostumada a ficar nua em casa, em meio às reclamações de minha avó — vão te ver da janela — e às intervenções de minha bisavó — 'xa menina livre, Marce' — não se prende a pudores. Para dormir não usa nada.

Para onde vai toda essa gente, cacete, meu pai bufa enquanto dirige. Estão passando pelo dique, tem trânsito. É sábado à noite, minha mãe lembra. Ele não se acalma e continua a praguejar: Maremma de deus.

Francesca, que a essa altura já conhece o traço grosseiro, o jeito maremmano de ser, e mais ainda o do Professor, muito particular, não se aborrece.

Essa obsessão por férias, deixa que eu dou férias para vocês, meu pai protesta, dando início ao costumeiro ataque contra os romanos: mal-educados, prepotentes, se acham os donos do mundo, energúmenos, vagabundos, boçais. Ele odeia os romanos. Continua: bichas, ignorantes.

Outra mulher de origem romana talvez se ofendesse. Minha mãe, não, ela compreende: e enquanto ele desabafa, olha a paisagem: observa o quão calma está a lagoa naquela noite, e a gaivota... a gaivota que vai descendo e mergulha... olha ela voltando com um peixe no bico.

Só morrem no estômago, diz meu pai.

Oh, lamenta-se. Mas dura um segundo, o tempo de levar o olhar para o outro lado: o monte dei Frati, a cruz lá no alto, um dia ela gostaria de ir até lá em cima, só dá para chegar a pé, deve ser uma caminhada lindíssima. Passam por Santa Liberata, o mar à direita surge em meio à vegetação esparsa, e Villa Agnelli, aonde Renzo diz ter ido muitas vezes, se você visse a Susanna Agnelli,[2] é um homem.

A enseada da Villa Domizia, olha aquelas casas sobre o rochedo. Quanta beleza, Francesca Fabiani nunca poderia ter imaginado tanta beleza. Toda esta beleza.

O que está acontecendo? O Professor desacelera até parar. Longa fila de carros. É gente que vai para o camping, resmunga, se pudesse colocaria fogo no camping. Aperta a buzina. Dá um tapa no volante, vai tomar no cu esse camping. E então, com movimentos bruscos — marcha a ré, primeira, vira — sai da fila para fazer um retorno na pista estreita de mão dupla, cuidado Renzo, minha mãe fica nervosa. Chega: vão pegar a Panorâmica, no fim vão levar menos tempo do que nessa fila com esse bando de merda.

A rodovia Panorâmica, vinte e seis quilômetros ao longo da costa íngreme, vai de Porto Ercole ao Porto Santo Stefano. São cem metros de subida sem iluminação, para depois descer novamente. De um lado, a mata mediterrânea, do outro, um precipício sobre o mar. Não é muito difícil despencar dali

---

2   Política e escritora, Susanna Agnelli foi prefeita do Monte Argentario, entre 1974 e 1984, e a primeira mulher a preencher o cargo de chanceler na história da Itália, em 1995. Era neta de Giovanni Agnelli, um dos fundadores da Fiat. [N. T.]

vinte, trinta metros. Meu pai acelera, minha mãe põe a mão em seu braço e diz: vai devagar. Um segundo em uma das curvas, a estrada é cheia de curvas, e ladeira abaixo. Cair cair. Um voo de trinta metros, carro ao mar. Cair cair. Morrer. Vai devagar, minha mãe de novo. Meu pai sorri, só faltava ter medo. Ela não responde, e ele acelera ainda mais, brincadeira sem graça, Renzo, agarra a alça que fica acima da janela, ele sorri, olhos fixos na estrada. Com uma mão ele dá um tapinha em seu rosto, o que é isso, ela reage, segura o volante. Jura que você está com medo, ele repete. Ela se cala, prende a respiração, outra curva depois mais outra, precipício, cinquenta sessenta metros, e solta: sim, está com medo, muito medo, vai tomar no cu, Renzo, para quê assustá-la desse jeito.

Ele não responde, acelera. E faz uma curva larga, passando a um milímetro da beira da estrada, ribanceira, morte. Ela começa a chorar. Francesca Fabiani, imóvel no banco do carro, chora. Por favor, Renzo, implora.

Ele brinca, como você é trágica, mas não desacelera, continua subindo muito rápido, curva atrás de curva, cada vez mais alto, ainda mais alto, cem metros do mar, e minha mãe fecha os olhos, não quer mais olhar. Será que foi isso o que ele sempre quis, desde o início, uma mulher para matar. Morrerão juntos. Vão sair da estrada e vão despencar cem metros até chegar ao mar e afundar no abismo, quanto tempo vão levar para morrer? Ela não quer morrer afogada, prefere morrer voando, de medo.

E de repente uma freada. Minha mãe é jogada para a frente, com o braço meu pai impede que ela se arrebente no vidro. Ela abre os olhos, bem a tempo de ver uma sombra na estrada.

O carro continua freando, freia, freia, derrapa, invade a outra pista, derrapa de novo, barulho de freios, minha mãe é atirada para trás, bate a cabeça, agarra o banco, grita, barulho de freios.

Enfim, silêncio.

Carro parado na estrada. Escuro, deserto.

Leva um tempo até entender que acabou. Está tudo bem, vocês ainda estão vivos.

Meu pai e minha mãe recuperam o fôlego. Não se olham. Ela enxuga as lágrimas, respira, respira, começa a se acalmar.

O que era?, ela pergunta depois de um tempo.

Uma lebre.

8

O Professor fuma Marlboro, bebe Coca-Cola e masca Brooklyn. Desce a escadaria do hospital mascando um chiclé, como ele gosta de chamar.

Na rua, um Alfa Romeo. A porta do motorista abre: Nino. Ofegante, Nino vai em sua direção.

De jaleco branco e babuche, o Professor aproxima-se do carro. Não o deixe ligado, ele diz a Nino, ao invés de agradecê-lo por ter trazido o carro até o hospital.

Desculpe-me, senhor, Nino responde na mesma hora.

Entra e reclama de novo: por ser baixo, Nino puxou o banco para a frente, não está vendo que ele ficou espremido no volante? Nino vai correndo procurar a alça, o Professor empurra-o bruscamente: ele arruma o banco sozinho, por deus!

Freio de mão, freios, embreagem, os sapatos atrapalham, tira-os, e agora, com os pés descalços no pedal, arranca arranhando a segunda.

Comprou um carro novo. Nino foi pegá-lo na oficina do Brunero, que havia insistido bastante com o Professor: pelo papel e o prestígio que tem, precisa de uma Mercedes! Mania de grandeza, o Professor comentou com certo desprezo, e escolheu um Giulietta mais modesto. Um Giulietta branco.

A avareza do Professor.

Aquecimento desligado o ano todo. Telefonemas só do hospital, a cargo da empresa hospitalar, principalmente interurbanos e intercontinentais. Depois que se casa e tem filhos, cadeado no telefone.

Contudo, sua verdadeira cruz será o lustre de Murano. Presente de Licio G.,[3] é assim que está no cartão e em muitos outros cartões que vêm junto com presentes cada vez mais caros, Licio G., às vezes só L. G. — um amigo de Arezzo, o Professor diz, um que operava varicocele (o que é varicocele, papai? Nada). Valor: dois milhões de liras. Branco, três níveis, cinquenta lâmpadas. Preso no teto do salão, o Professor recomenda que nunca o acendam. Mas como são muitos a transgredir a regra, deixando-o aceso de vez em quando, cinquenta lâmpadas gastando luz ao mesmo tempo, como ninguém naquela casa parece entender o valor da energia elétrica, ele chama Nino para tirar as lâmpadas. O lustre para sempre lá em cima, esqueleto, carcaça na escuridão, pairando sobre crianças que passam embaixo dele (Gianni, por favor, me dê a mão).

O carro também, não fosse pelo acidente o Professor nunca o teria trocado. O que aconteceu na Panorâmica foi culpa dos freios, Francesca disse. O mecânico encontrou os freios queimados. Mas isso é passado, passado remoto, faz vinte dias, e vinte dias são uma vida, o presente é hoje. Hoje

---

3   Investidor italiano, trabalhou para o partido fascista, tendo assumido o papel de agente de ligação entre o governo fascista e o Terceiro Reich. Comandou como Mestre Venerável a Loja Maçônica clandestina Propaganda 2 - P2. Em maio de 1981, uma lista de membros da P2 foi descoberta na mansão de Gelli, o que gerou um dos escândalos políticos mais graves da história da República Italiana: as listas continham os nomes de representantes do governo, dos serviços secretos, da polícia, bem como de magistrados, empresários, banqueiros e jornalistas. Motivados por objetivos subversivos, os membros da organização pretendiam assumir o controle do Estado através da criação de um verdadeiro sistema político paralelo ao institucional. Gelli foi condenado à prisao pelo envolvimento no escândalo do Banco Ambrosiano. [N. T.]

A mais amada

o Professor pisa no acelerador de pés descalços. Hoje ele dá a volta na pracinha, uma pracinha com uma fonte no meio, chamada praça do hospital, sob o olhar de todos, vindo de todas as direções, até do alto, é lá de cima, de uma janela do San Giovanni di Dio, que Francesca o observa. Algo está mudando, muitos dizem a ela: como o Professor está diferente desde que a senhora chegou, doutora. Mais alegre.

Não que o jeito de antes lhe desagradasse. Ela o quis exatamente como era: urso. Até pão-duro. Nunca poderia ter ficado com um vaidoso, conheceu muitos em Roma. O cretino do Porsche, filho de um proprietário de clínicas. E o outro babaca que ia de festa em festa com seu smoking destilando suas viagens recentes. Homens que ela considerava ridículos. Até tentava algo com eles, saía uma, duas vezes. O fim era sempre igual: no portão, beijo rápido, desculpa, o problema é comigo — justificava-se —, preciso me concentrar nos estudos, fazer algo pelas pessoas que estão sofrendo...

Considerada uma chata de galocha patética que pensa que é Joana D'arc, os homens preferiam manter distância. Renzo, não. Com Renzo foi diferente, não pensou nem uma vez sequer esse gordo provinciano... Tudo nele a comove, todos os detalhes inadequados: o mocassim com a sola furada, a camisa sem passar, o modesto apartamento de dois quartos a poucos metros do hospital. Até o carro.

O carro velho do qual, sendo sincera, sentirá saudades, o carro que guarda suas lembranças: primeiro beijo, segundo, terceiro, primeira viagem a Grosseto para conhecer os Ciabatti, e a outra para Santo Stefano para ir à festa da aeronáutica, à qual eles nunca chegaram. Sim, isso mesmo: naquela noite, depois de ele quase ter atropelado uma lebre, de ter desafiado a morte — sadismo? competição? — ela, transtornada, pediu para voltar para casa. Após tantos meses, é a primeira vez que ela recua. Não sabe mais se quer se casar com ele, se é o homem certo. Durante todo o trajeto de retorno não trocam uma palavra. Ele poderia pedir desculpas, dizer que foi uma brincadeira, vá lá, acabou perdendo a mão. Não pede. Fica em silêncio, como se quem devesse pedir desculpas fosse ela, tão acostumado está às relações de poder. Quando chegam a Santo Stefano, voltam pela outra estrada. Sai da cidade e passa por Cala Rossa, Filippo II, Pozzarello, retorno até o bar Le Formiche, cigarros, ele diz. Desce, enquanto ela espera no carro. Ela com seu vestido de noite verde-limão e a bolsa prateada nas mãos. Não queria estar ali, queria estar em Roma, em uma festa, com Fiorella e Stefania. Ou com Ambra, fazendo-a sentir-se segura, pobre Ambra: você é linda e não sabe.

Está fazendo o que aqui nesse fim de mundo? Aperta a bolsa contra o peito, como um escudo, ou uma boneca, a boneca preferida. Mamãe, vem me buscar, pensa. O que ela tem a ver com os Ciabatti, com arranha-céus, o que ela tem a ver com mães mortas de mentirinha, e Frank Sinatra, o que isso tem a ver comigo, mamãe, me leva embora.

Então ele aparece no vidro. Não o viu chegando porque estava escuro. Vamos fumar?, ele diz, segurando o maço de Marlboro. Tom de voz ameno. Esse jeito carinhoso é real?, Francesca pergunta a si mesma. Observa-o, olhos mansos, sorriso incerto. Este homem desajeitado, mas bom, existe realmente? Aperta os lábios, uma ruga entre os olhos, está arrependido... sim, existe, ela se convence novamente, esse homem grosseiro, mas também sensível, existe... e então ela cede, sim, vamos fumar. Ela abre a porta do carro e eles vão descendo em direção à praia. Nas escadas ela oscila por causa do salto alto, ele lhe dá o braço, ela se apoia e os dois descem juntos, seguros.

Sentados em frente ao mar, ela tira os sapatos. Cigarro, ele oferece, e acende o isqueiro Dupont de ouro maciço. A chama ilumina metade do rosto dela.

Ela aspira. Silêncio. Luzes no horizonte. O que é?, pergunta apontando para baixo.

Orbetello.

As luzes da galáxia remota, é Orbetello a tua galáxia remota, Francesca Fabiani.

Atrás deles os faróis dos automóveis, centelhas passando rapidamente: luz que se espalha pela areia, como se estivesse iluminando uma terceira presença, e clareia, clareia, e desaparece absorvida pela escuridão. Tudo escuro, a praia, o mar, ele, ela, o vestido verde que ninguém vai ver. E depois luz de novo, círculo de luz, ele apagando a bituca na areia, segurando a mão dela, luz que clareia, e desvanece, e se apaga na escuridão.

Primeira parte

9

Meu pai e minha mãe casam-se em 23 de setembro de 1970, às 10h30, na catedral de San Lorenzo, Grosseto. Testemunhas dele: Marcello Faccendi e Umberto Ciabatti (segunda opção depois do não de Dante, que não acredita nesse casamento). Testemunhas dela: Stefania Fedeli e Antonio Vittori (primo, filho da tia Maria, irmã de minha avó).

As fotos mostram meu pai de paletó escuro, calças cinza, camisa branca. Nada de terno sob medida. Ele nunca será um homem elegante. Olhando com atenção, até nos ternos que minha mãe o obrigará a encomendar para usar em congressos e noites de gala, até nessas peças de alfaiataria ele sempre acrescentará um detalhe vulgar: gravata colorida demais, sapatos largos, cinto marrom com calça preta.

Uma grande aglomeração em frente à catedral. Aglomeração composta também de curiosos, como se um ator de cinema estivesse se casando. Professor, Professor, celebram. Meu pai conta que vovó Jole, obrigando Umberto a lhe dar o braço porque caminha com dificuldade, aproxima-se e o abraça. Aldo, sussurra, confundindo-o com o marido morto, você não pode fazer amor. E os irmãos, sobrinhos, primos, amigos... que hoje tento reconhecer nas fotos — o homem atrás da coluna não é Giorgio Almirante?[4]

Depois, finalmente, a noiva aparece no álbum. Comecei a chorar ainda no hotel, minha mãe recorda. Mas nas fotos não dá para perceber, um sorriso de dentes perfeitos ilumina e comunica felicidade, imensa felicidade — ei, mas esse aqui não é Amintore Fanfani?[5]

Minha mãe, quando está sendo levada para o altar pelo tio Pedro, encontra Laura no meio do caminho, conta. Laura Ciabatti, nove anos, com uma flor na mão. Como ela gosta da nova tia! Minha tia me deu uma boneca gigante, minha tia me deixa usar sapato de salto, minha tia me leva a Roma para ver o papa, ela conta a todos. Como gosta dessa tia afetuosa. A tia para a qual ela entrega uma flor lilás que ela mesma colheu. E minha mãe desata a chorar. Voltam do passado as palavras de Fiorella: imagina uma menina, seus olhos, seu cabelo... Neste momento mamãe está pensando em mim, um ano antes de meu nascimento. Eu já existo, em forma de desejo.

O vestido de minha mãe decepciona muita gente. Com todo o dinheiro que o Professor tem, a doutora poderia ter comprado um vestido de noiva, porque esse aí não é, sem véu, sem saia godê, nem laços, nem babados, não venham dizer que esse é um vestido de noiva de verdade, pois não é.

Na frente dela, elogios: lindíssima, elegante, radiante.

---

4   Político italiano, ocupou cargo de chefe de gabinete na República de Salò e foi um dos fundadores do Movimento Social Italiano (MSI), partido político de extrema direita criado em 1946. [N. T.]

5   Professor, escritor e político italiano, foi primeiro-ministro por cinco vezes e ocupou todos os principais cargos do Estado ao longo de uma carreira de quarenta anos. Foi filiado ao partido de esquerda Democracia Cristã, e foi um dos fundadores da moderna centro-esquerda italiana. [N. T.]

Por trás: infeliz, cigana, descabida.

Na frente: a doutora é uma mulher solar, inteligente, o Professor precisava de uma mulher assim, ele esteve na América, sacrificou sua vida pessoal pelos doentes e necessitados, também pelos pobres, fez tanto pelos pobres, ainda bem que no fim encontrou a mulher certa, ainda bem.

Por trás: simplória, esfarrapada, deve ter andado com um monte antes dele.

Trinta e nove anos depois, atrasada, segundo as convenções, sou eu que me caso. Eu também decepciono, eu também sou criticada, mas de forma democrática, na frente e por trás. Vai se casar de calça, parece lésbica, minhas amigas dizem na minha cara. Por trás: mulher desleixada, diz minha cunhada.

Estou gorda, nada me serve, me recuso a usar Elena Mirò — tamanhos grandes. Vou emagrecer. Passam semanas, meses. Vou assim até poucos dias antes do casamento. Continuo gorda. Escolho calças brancas (com um alfinete no lugar do botão, que não fecha) e blusa branca, até porque vamos nos casar no campo, coisa simples, somos pessoas simples, nós dois. Nós que estamos juntos há oito anos, nós que temos uma filha de três anos, e este casamento é só um evento burocrático, direitos do cônjuge em caso de morte *et cetera*... É mais uma festa entre amigos, eu por exemplo não convidei nenhum parente além do meu irmão. Gianni, que chega na última hora e vai embora logo que acaba a cerimônia, não posso ficar para o almoço, desculpa, tenho uma reunião de trabalho. E eu o vejo atravessando a multidão de amigos, conhecidos, e desconhecidos — amigos e parentes do meu marido que eu nunca tinha visto — acompanho meu irmão com os olhos, paletó escuro, ombros levemente curvados, ajeite as costas, queria dizer, e continuo a acompanhá-lo, até não conseguir mais vê-lo. Pronto, meu último pedaço de família foi tragado e agora estou só, ninguém mais aqui tem o meu sobrenome, a única Ciabatti neste vasto gramado com decoração de festa.

Sorrio pouco, tudo o que mais quero é que o dia acabe, que chegue amanhã. Afinal, o que estamos comemorando? Já somos um casal com uma filha. Suspiro ao cortar o bolo, quando meu marido começa a fazer um discurso sobre a felicidade de ter conseguido casar comigo, tinha perdido as esperanças, e eu o interrompo, chega vai, detesto retórica. Vendo a cena, muitos põem em dúvida o meu amor: será que ela realmente o ama? Eu mesma paro e reflito: eu realmente o amo? Não sei. Não tenho o hábito de avaliar o que sinto por quem está vivo. Os vivos estão presentes. E hoje estamos aqui, neste convento do século xv, casa do meu marido. Viva os noivos!

Minha mãe estaria feliz, casei com um homem bom, honesto, meu pai nem tanto, casei com um comunista. Mas mesmo ele, meu pai, teria visto o lado positivo: casei com um homem rico.

Não há fotos do casamento. Eu proibi. A única é uma foto de minha filha. Vestidinho rosa, sandálias brancas, coroazinha de flores na cabeça. Olhando de novo minhas fotos de criança, vejo que é idêntica a mim. Esta menina que corre pelo gramado atrás do cachorro é a minha cópia xerox.

Já meus pais fizeram um verdadeiro ensaio fotográfico, esbarro nas fotos dos noivos com os parentes próximos: pai, mãe. De um lado, vovó Jole pendurada no braço do tio Dante, tio Umberto. Do outro lado, vovó Marcela e tio Piero — peraí, este senhor de costas não é Licio Gelli?

Nas fotos reconheço também a tia Ambra e o tio Giorgio.

Os únicos amigos de mamãe que papai aceitou convidar. Fiorella não, não gosta dela. Mamãe conta que tia Ambra começou sua transformação naquela época. Depois que se casou perdeu 20 quilos, pintou os cabelos de loiro, elegantíssima, o marido passou a comprar vestidos e joias para ela, um marido do qual ela nunca gostou (tio Giorgio?), melhor deixar para lá, essa é outra história, minha mãe fecha a cara.

Folheia, folheia, tem também uma foto da vovó sozinha, toda de marrom, vestido de seda e sobretudo de renda, um pequeno chapéu na cabeça. Agitada, nervosa, dá para ver claramente, ou pelo menos eu, que a conheço, consigo ver, satisfeita, emocionada, contrariada.

Ela teria gostado de ver mais convidados da noiva — tia Pierina, tia Idania, e por que não a prima do avô Ricardo, Italia Fabiani? Mas era preciso dar prioridade aos convidados do Professor, mais de cem, minha mãe explicou, ele é uma personalidade que precisa honrar suas relações de trabalho. E relações políticas — justamente: este cara de paletó claro é Roberto Gervaso,[6] tenho certeza absoluta, é ele, eu acho...

Apesar das explicações, minha avó não se dá por satisfeita: pelo menos a tia Idania, volta ao assunto durante o dia, a tia Idania bordou as mangas do vestido...

Se mãe e filha soubessem o que estão dizendo do vestido: por acaso isso é um vestido de noiva? Por favor, um pano qualquer de usar na praia. E o véu? Uma noiva sem véu, coitado do Professor, uma comunista, uma transgressora, uma hippie.

Mas tudo isto minha avó não ouve, por ora só vê amor e alegria, a imensa alegria de toda a cidade por conta do evento, ela é testemunha, ela que chegou a Orbetello quinze

---

6   Jornalista e escritor pertencente à Loja Maçônica Propaganda 2. [N. T.]

dias atrás para ajudar minha mãe com os preparativos, mas vou deixar claro: se eu estiver incomodando vou embora... e, no entanto, mostrou-se útil, mesmo com tudo já pronto, mesmo assim foi útil tê-la em casa. A estima e o afeto pelos noivos que minha avó sentia naqueles dias. Não só por causa dos presentes. Centenas. Em casa e no hospital: jogos de pratos, vasos, prataria, peças etruscas roubadas de tumbas, quadros. *Pianura com cavalli e soldati*, Giovanni Fattori. Francesca pergunta quem mandou um presente de tanto valor.

O Professor desdenha: é uma simples cópia.

(Muitos anos depois, as gerações vindouras, nós, solicitarão uma avaliação do quadro: setecentos mil euros. É um original.)

Mas o presente mais bizarro não é o Fattori, nem a cabeça etrusca, nem a reprodução em prata de um crânio humano. O presente mais estranho chega em casa uma manhã.

É um rapaz que vem entregá-lo, um jovem bronzeado tão gentil que insiste em levá-lo para cima, minha avó conta, não poderia causar este incômodo a uma senhora, ela então lhe oferece um café, o jovem recusa, precisa mesmo ir. Da parte de quem?, minha avó pergunta, do alto das escadas, e ele: o Professor sabe.

Minha mãe encontra o pacote à noite, ao voltar do hospital. Procura o cartão. Não veio.

Desembrulha o pacote e oh, um passarinho! Um passarinho empalhado dentro de uma gaiola de bambu, deve ser um filhote, as penas são supermacias! Aproxima-se: como é colorido! Parece um bom presságio, um presente assim tão colorido e original, no fim é desse tipo de coisa que ela gosta, menos institucional, mais maluca. Vai colocá-lo na sala ou no quarto mesmo que Renzo não queira, ele não gosta de expor objetos que não sejam de valor, uma pena, ela acha esse passarinho maravilhoso!

Minha avó, depois de um longo silêncio, estica um dedo. É de verdade, murmura ao tocar o animalzinho. Imagina, minha mãe rebate. Estou dizendo que é de verdade, minha avó insiste, fica longe. O cheiro é forte, isso não é um passarinho empalhado. Sem vida, pregado em uma estaca, isso é um passarinho morto.

Mas voltemos ao álbum de fotos onde consta a data de 23 de setembro de 1970. Hotel Lorena, edifício Ciabatti.

Começou a ventar, um vento fraco. As plantas às vezes imóveis, outras vezes curvadas, parecem estremecer.

O verão está acabando, no entanto, vendo o céu ainda claríssimo, parece em pleno vapor. Talvez sim. Talvez realmente dure mais em Maremma, minha mãe pensa antes de entrar no edifício. Nove andares, trinta metros de altura, o edifício mais alto da cidade. De hoje em diante ela não é mais uma moça qualquer, atravessa a rua (ficaram faltando fotos), a partir de hoje ela é Francesca Ciabatti. Como queria ter mais fotos de momentos íntimos daquele dia, a movimentação no começo da festa, toda vez minha mãe conta, o acidente, ela que subitamente se descontrola, não mais a mulher gentil, e sim a noivinha histérica.

Perdi um pedaço da pedraria, minha mãe nervosa no hall do Lorena. Talvez na igreja, ao se sentar, e agora tem uma rodela branca na bunda, sim, na bunda, mãe — fala com minha avó, quase culpando-a — o que vão dizer, o que Renzo vai dizer, impossível acalmá-la, não tem nenhuma rodela branca, Francesca, não adianta Stefania jurar, e a preocupação de Laura, o que aconteceu, tia? Francesca está em pânico, recusa-se a entrar no salão do almoço naquelas condições, com a bunda branca, não entro, eu não entro, fico do lado de fora para sempre, quase chorando.

Minha avó toma as rédeas da situação: quero um quarto.

Suíte número 23: cama de casal, armário de ferro, piso de linóleo. Pode haver algo mais desolador? Minha mãe, minha avó e tia Stefania levam um tempo pensando em quem esteve ali antes delas, um caminhoneiro, um ferroviário, uma prostituta. Nenhuma delas ousa dizer em voz alta, é o hotel do Professor, uma das tantas propriedades, além dos prédios, terrenos, este é o edifício Ciabatti. A filha se casou com um home rico — minha avó consola-se — um médico, um profissional, que importa que o hotel do casamento seja tão esquálido? Consolada pelo pensamento do futuro que aguarda minha mãe, vovó tira de sua bolsa agulha, linha e pedraria, tudo já previsto.

Foi ela quem costurou o vestido. A tia Idania, costureira da grife Valentino, fez os bordados. O modelo é da última coleção Valentino — copiado com total precisão, até os botõezinhos — modelo que a *Vogue* considerou o vestido de noiva mais refinado dos últimos dez anos.

Saia evasê acima dos joelhos. Mangas longas, gola alta. Nas costas, uma fila de botões de madrepérola. Bordado de fundo branco com pedraria transparente, quase invisível, que dá ao vestido um brilho especial, como o de um refletor permanentemente aceso aos pés da noiva, ou de dezenas de vaga-lumes pousados na mesma flor.

Nada de véu ou cauda. Francesca ama a simplicidade, ao contrário do Professor, que prefereria uma esposa com joias, vestidos de marca, peles (diferença de gosto que hoje não é um problema, mas que amanhã, nos anos vindouros, será um dos tantos).

Minha mãe tira o vestido e fica de calcinha. Não está de sutiã, minha avó pensa em reclamar, pelo menos hoje, filha, mas se segura.

Depois que foi para Orbetello, minha mãe ficou mais bonita. Perdeu três quilos, o cabelo está na altura dos ombros, luminoso. A pela viçosa, e sabem por quê? Francesca se estica na cama: vai à praia entre um turno e outro, quilômetros e quilômetros de praia deserta, e pensa que toda aquela beleza é só dela, um paraíso privado, flores árvores e animais... Uma vez saiu um veado do pinhal, não estava com medo, aproximou-se, tão perto, e ela imóvel para não assustá-lo, conseguiria dar-lhe de comer com as mãos, se tivesse algo a oferecer... é tudo tão poético, minha mãe diz a minha avó, não achava que pudesse haver tanta poesia na vida. Mas há, e ela não sabe a quem agradecer, a deus, a Renzo. Tira os sapatos: sabem quando deu seu primeiro mergulho? Em abril, início de abril. Sobe na cama — água superquente — começa a pular. De calcinha, pula na cama fazendo o estrado ranger, pouco importa que minha avó esteja dizendo para ela descer que depois quebra e vai ter que pagar, ela continua pulando. Porque se ela quebra a cama não vai ter que pagar nada, aquela cama é do seu marido, marido, está contente. E estende uma mão a Stefania.

Marido, marido, dando gritinhos.

Stefania tira os sapatos e agarra a mão de Francesca. Agora são duas. Duas garotas pulando na cama. Desçam, minha avó insiste. Elas pulam segurando-se pelas mãos, e pulam. Primas, irmãs, meninas. Meu marido, repete Francesca, meu marido meu marido. E riem, e saltam, leves, levíssimas, sem peso.

Da janela vê-se a copa verde de uma árvore. No galho um passarinho, talvez um pardal, ou um pisco... minha mãe não sabe reconhecer pássaros. Aqui é sempre verão, joga-se na cama sem fôlego, e eu às vezes me pergunto se mereço, diz, se mereço toda esta maravilha.

Giuliano Bracci, Mauro Gori, Riccardo Baldinacci, Cleto Biondi, Leandro Piersanti — tem irmãos que não são de sangue — Vincenzo Lenzi, Sante Puccianti, deputado Giulio Maceratini★ — são mais irmãos aqueles que você escolhe para si, com quem compartilha ideologia e fé — Benito Bargelli, Giuseppe Padovani. Francesca aperta as mãos dos amigos do marido. Irmãos. Irmandade de base moral que se propõe como um pacto entre homens livres, em fase de aperfeiçoamento das mais elevadas condições da humanidade.

Renzo a conduz pelas mesas, quanto afeto, quanta alegria. O que você vai lembrar desse dia, Francesca? As toalhas brancas, as flores amarelas, o vestido preto da sua sogra, como se estivesse em um funeral?

O que você vai lembrar com mais detalhe do seu casamento? A estação vista das vidraças, já que o Hotel Lorena fica exatamente na frente da estação de trens. Ou talvez os amigos, os irmãos que, em pé, olhos brilhando e punhos levantados, cantam *Faccetta nera*[7] para o Professor?

Nada disso tudo (se lembrará delas só quando folhear o álbum: olhem como a vovó Jole estava vestida). Você, Francesca Fabiani, vai se lembrar do carpete, a cor, vermelha, a consistência. Vai se lembrar do instante em que tirou os sapatos debaixo da mesa e apoiou os pés no macio. E sentiu tanto alívio. E vai se lembrar disso porque ao voltar ao Hotel Lorena meses depois vai encontrar linóleo cinza na sala de jantar, o que aconteceu com o carpete?

Foi um pedido do Professor, trinta metros quadrados de carpete vermelho.

---

7   Canção que celebra a colonização africana para a propaganda fascista. [N. T.]

★ Giulio Maceratini (1938), aluno de Julius Evola. Expoente do MSI-DN [Movimento Social Italiano - Direita Nacional] próximo a [o político neofascista] Pino Rauti. Em 1991, ajudou a arquitetar o retorno de Gianfranco Fini à liderança do partido. Na década de 1970, foi dirigente do Centro Nacional Esportivo Fiamma. Seu nome aparece em uma lista, obtida pelo Judiciário, de cinquenta extremistas de direita que em 16 de abril de 1968 embarcaram para a junta dos coronéis na Grécia. Os objetivos desta viagem são ainda hoje motivo de debate. Na sequência deste evento, alguns deles juntam-se a grupos anarquistas e maoistas para atuarem como infiltrados. Foi deputado de 1983 a 1994. Após dois mandatos no Senado, foi novamente deputado, de 2001 a 2006. Em 1988, entra para o Parlamento Europeu, juntando-se ao Grupo das Direitas Europeias. Em seus 12º e 13º mandatos, foi membro do Senado e presidente do grupo parlamentar Aliança Nacional. Participou da Direção nacional do partido.

A mais amada

10

CARA DOUTORA, VOCÊ AGORA PENSA QUE A VIDA ESTÁ GANHA E QUE É BOA, MAS ESTÁ ENGANADA DOUTORA VOCÊ NÃO SABE DE NADA, NÃO SABE DA VERDADE O MAL VAI VOLTAR PARA VOCÊ SUA PUTA...

11

No mesmo ano o Professor compra um terreno em Pozzarello, enseada próxima ao Porto Santo Stefano, ali onde eles fizeram as pazes, mamãe e papai, depois da primeira briga, ali onde fumaram e se beijaram, quero acreditar que não seja um acaso (papai deu de presente para mamãe uma casa na praia onde se beijaram pela primeira vez, pois da forma como narram o transformaram no primeiro beijo, eles transformaram, readaptaram, manipularam tudo), quero acreditar, mas na verdade é uma coincidência. E até a compra do terreno é uma reformulação posterior. Meu pai não compra terreno nenhum, o terreno foi doado, é assim que aparece no cadastro. Peretti Giuseppe doa a Ciabatti Lorenzo...

Não encontrei nenhuma informação sobre Peretti Giuseppe. Não consegui saber quem foi a pessoa que deu de presente ao meu pai um terreno de frente para o mar.

Dois hectares, designação cadastral: possibilidade de construção de uma casa de cinquenta metros quadrados.

Quatrocentos. O Professor manda construir uma de quatrocentos: dois andares, salão de oitenta metros quadrados com vidraças para o mar. Grande escadaria que leva da parte diurna da casa à parte noturna, mas só depois de atravessar um hall bastante espaçoso, no fim do qual começa o corredor onde se encontram os quartos de dormir. Oito quartos, todos com banheiro. No final do corredor, o quarto principal, que com o tempo se tornará simplesmente o quarto do Professor. Uma suíte: hall com armários, banheiro e closet, cama king size com a base toda de espelho. Espelho também nos objetos de design do salão, em toda a parede do corredor, dez metros, em portas e armários azul-cobalto atravessados por uma faixa de espelho. Em todo canto da casa é possível ver a própria imagem refletida: quando as portas dos quartos estão fechadas, há um ponto exato no começo do corredor de onde a imagem se repete por todo lugar. Quem quer que seja, mãe, pai, filha. Sobretudo filha, menina imóvel no cruzamento que fica se observando multiplicada. Três, cinco, dez de você. Dez de você pequenas e garbosas, dez de você cheias de graça.

Cento e vinte toalhas de três tamanhos diferentes, todas com a estampa floral do banheiro ao qual estão destinadas. Onze banheiros.

Cinquenta toalhas cor-de-rosa para a piscina.

Cem panos de limpeza para a cozinha.

Cem lençóis.

Duzentas fronhas.

Tudo encomendado às Confecções Gori, de Mauro Gori, amigo pessoal do Professor. Quando chega o caminhão Gori parece dia de festa, empregados para lá e para cá, pacotes, vovó que tenta organizar, isso em cima, aquilo embaixo, e mais pacotes e pacotes, a roupa de cama nos armários, as toalhas nos banheiros, vovó dá ordens, as cor-de-rosa no banheiro da piscina, mamãe corrige, é ela a dona da casa, mas na verdade se intromete só para manter as aparências, está muito feliz que sua mãe tenha uma casa de praia e duzentas toalhas, sente que fez dela uma senhora, e tem orgulho disso. Portanto, é só por aparência que reforça que as toalhas rosa ficam no banheiro da piscina, lá onde

Primeira parte

há uma claraboia com peixinhos pintados e a parede com azulejos iguais aos da piscina.

É a casa das maravilhas, aquela. A parede da lareira, por exemplo: de vidro. Dá para ver o jardim através dela. É como se o fogo queimasse na grama, a única vez que o Professor acendeu a lareira, para queimar uns papéis, fogo e terra se sobrepuseram enquanto as cartas iam ficando pretas e se transformando em cinzas.

A casa do Professor é a primeira casa com piscina do Monte Argentario. Piscina e mosaico, azulejos de cinco cores: começando pela parte rasa, azul-celeste, que vai gradualmente escurecendo com a profundidade até ficar azul-escuro na parte funda, seis metros, de onde desponta o trampolim. Projeto do escritório Spadolini de Florença: bordas de mármore travertino, pavimentação ao redor de travertino e seixos. Não é uma piscina qualquer, é uma piscina especial, que vai parar nas páginas da *AD* (queriam fotografá-la comigo dentro e eu disse que não, suspiro enquanto mostro a revista aos amigos).

Uma piscina com uma parte secreta que quase ninguém conhece, não apareceu na revista, o Professor não mostra a ninguém. De fora é uma piscina lindíssima e só, e não extraordinária, como secretamente é.

Descendo para o nível inferior do jardim, escondida dos escaladores, há uma porta de ferro trancada com um cadeado. Além: o abismo.

Não é um abismo o fundo do mar? Não é um abismo a parte de dentro das coisas? Atrás da porta há um longo corredor em L com três claraboias que dão para a piscina, embaixo d'água. Despensa, porão.

Aquilo não é uma despensa nem um porão, e você sabe muito bem, menina.

Quantas vezes você não os ouviu falar de um bunker?

Quantas vezes não pegou papai dizendo: o dia em que eles chegarem temos que estar prontos, e mamãe perguntando: quem vai chegar? E ele respondendo: eles.

E quantas fotos não vão tirar de nós, crianças, quantas fotos das claraboias do bunker, quantas fotos dos filhos embaixo d'água.

A menina de cabelos flutuantes feito algas e bochechas inchadas segurando a respiração, de maiô de moranguinhos, a menina que vai até o fundo, mais fundo no abismo até uma claraboia e, segurando-se nas bordas de ferro, encosta o rostinho gorducho no vidro para conferir o que dá para ver do lado de lá. É assim que você, menina, será fotografada dezenas de vezes, tentando ver o que há do outro lado, e vendo sempre a escuridão, nada além de escuridão.

Dois anos de obras. Um time de doze pedreiros, mestre de obras, engenheiros, arquiteto. Dois anos de obras e a casa fica pronta. Grandes vasos em frente ao pórtico, onde plantam doze buganvílias violeta recobrindo toda a fachada. Vai levar alguns anos, hein, Nino ousa replicar, foi confiada a ele a tarefa de cuidar do jardim, o Professor se recusa a contratar um jardineiro, já gastou muito dinheiro, Nino é mais do que suficiente, precisa de mais o quê para regar dois arbustos?

Os dois arbustos são dois hectares de terreno em socalcos, já que a casa foi construída na encosta de uma colina. Impossível para Nino cuidar de todo o jardim, uma parte nunca será cultivada. A parte mais baixa: um emaranhado de espinheiro e mato.

Dois anos de obras na casa, a piscina fica pronta muito antes, o que deixa o Professor tão agitado que não, não consegue mais esperar. Escondido de Francesca, manda enchê-la. Leva cinco dias, toda manhã ele passa para conferir o nível da água. Na noite do quinto dia Renzo leva a mulher com uma desculpa: quero que você veja como é a vista de noite. Na verdade, ela já viu aquele mar à noite, na noite da festa da aeronáutica, lembra, Renzo? Não foi do alto, do alto é outra coisa.

Então Francesca desce as escadas do jardim pronta para ver o mar e, ao fundo, as luzes de Orbetello. Olhos no horizonte, não percebe o que está no meio do caminho. Renzo é obrigado a iluminar com o isqueiro, olha para baixo: a piscina cheia. Ela coloca uma mão no peito: meu deus, não acredita, tem vontade de chorar... vai chorar, está quase chorando, pois isto é um sonho realizado, isto é...

Ele diz tire a roupa, ela hesita: sem boias, sem nada... ele tira a calça e a camisa, eu estou aqui, diz. Então ela também tira a roupa, está sem sutiã. Figurinha lunar que de noite reluz branca. Ele menos, quase na região da penumbra projetada por ela.

Renzo desce primeiro, em seguida a ajuda. As mãos nas panturrilhas, nas coxas, e na cintura, subindo, até que ela mergulha e se solta em seus braços.

Como está quente, ela sussurra. Como é quente a água da piscina deles.

Apartam-se, ela fica na parte rasa, ele vai até o fundo. Movimenta os braços, bate as pernas. Vem você também, fala com ela, quando já está longe. Ela diz que não com a cabeça. Ele volta, me dá a mão. Insiste: confia em mim. Ela segura forte as mãos dele. Tá vendo como você não se afoga? Sorri ao levá-la aonde não dá pé, vai, se solta. Ela relaxa, os músculos se afrouxam, não vai acontecer nada. Ele coloca uma mão nas costas dela, agora deita, eu te seguro. Ela estica as pernas e fecha os olhos, com a mão dele amparando-a ela tem a impressão de que realmente consegue se manter na superfície. E respira, e escuta um

A mais amada

silêncio que não lhe dá medo, o silêncio da casa deles, que está quase pronta. Respira, respira, poderia até pegar no sono. Respira, respira, enquanto imagina a casa habitada por vozes, risadas de crianças, mergulhos, alguém gritando mamãe...

Meu deus, dá um pulo, assustada. Sentiu algo na panturrilha, uma mordida, solta um grito, engole água, ele a puxa para cima. Está rindo. Você quase me mata de susto, ela diz, séria. Poderia ser um peixe, poderia ser tudo. Mas era só a mão dele, a mão esquerda, enquanto a direita ainda a estava segurando. Me leva para a borda, ela ordena. Ui, como você é trágica, ele reclama.

Fora da piscina, cabelos molhados sobre os ombros, ela nem se vira. Vá tomar no cu, e desaparece na escuridão.

Dois anos de obras e a casa ficará pronta, justamente para o nascimento dos filhos. Neste meio-tempo, Francesca engravida. A barriga fica enorme, ela continua magrinha. Alguém desconfia que sejam dois lá dentro. Que dois o quê, o Professor resmunga, é um muito grande, mas é um, dá para saber pelos chutes, prenuncia, confiante.

Francesca Ciabatti dá à luz dois gêmeos. Um menino e uma menina. O menino é agitado, dorme pouco, chora muito, a menina é tranquila. Heterozigotos, não se parecem em nada. O menino tem traços dos Ciabatti, a mesma boca, a mesma expressão (olha, mãe, parece uma miniatura do tio Renzo!, Laura comemora), a menina, não. A menina não se parece com ninguém. E dorme, dorme o tempo todo. Tanto que Marcella se aproxima para ter certeza de que está respirando, e quando não sente nada, meu deus, ela não está respirando, bate as mãos. Então a menina acorda, está viva, agradece aos céus, está viva.

Primeira parte

Deixe-a em paz, Francesca reclama. Mas é uma queixa sutil a sua. Sabe que deve ser grata à mãe, a mãe que veio correndo de Roma para ajudá-la — até o desmame, garantiu, não quero virar a sogra que enche o pacová — a mãe que permite que ela continue trabalhando. Depois de anos de estudos, especialização, estágio, não, não quer parar de trabalhar. A mãe que dá mamadeira aos gêmeos, e os embala, e os coloca para dormir — três meses no máximo, assegura, ela não é do tipo que chega e se instala... mês após mês, ano após ano, continua repetindo que vai embora, que está prestes a ir.

Marcella Pileri vai ficar para sempre, fazendo com que sintam bastante sua presença, a começar pelas exigências: quarto separado do resto da casa, mansarda e banheiro privativo, armário com chave. Chave que ela leva pendurada no pescoço. Está guardado lá dentro o seu segredo. Ninguém pode descobrir, ela promete a si mesma, sem saber que dentro de alguns anos — quando se tornará frequente esquecer o armário destrancado — uma figura infantil vai se esgueirar pela escada, vai se enfiar em seu quarto, pequena sombra que ao revirar o armário encontrará seu segredo e ficará obcecada, ela quer a cabecinha, é a sua nova boneca, o que vão fazer com ela, ela sim vai tomar conta, vai ser a mãe, a avó, a irmã daquela maravilhosa cabeça, papai por favor, a pequena pede ajuda, fala com ela você também, fala para ela me dar a cabeça.

Deixem a menina ficar com ela, Lorenzo Ciabatti mandará.

Mas por enquanto as crianças ainda são pequenas, recém-nascidas, ainda nem engatinham. Dormem no mesmo quarto, fazem companhia uma à outra. Ficam doentes, vomitam, choram. E sozinha Marcella não dá conta. Francesca não se dá por vencida: não vai deixar o hospital. Então decidem procurar outro tipo de ajuda, uma babá fixa, tudo porque ela quer trabalhar.

Se ela realmente se cansasse, mas a senhora rapidinho se acostumou com o conforto... é o que comentam na cidade.

Renzo também se queixa: elas fazem ideia de quanto dinheiro está indo embora? Ele trabalha de manhã cedo até de noite inclusive aos domingos, joga na cara, e para quê? Para pagar salários e alimentar bocas, vamos contar, quantas bocas são?

Francesca resiste, não vai desistir de trabalhar. Resiste até quando o menino tem pneumonia e ela enfia na cabeça que ele vai se recuperar em casa, não é necessário levá-lo ao hospital — que seria o Bambino Gesù, em Roma. Com a ajuda de Pappalettere, o pediatra de Orbetello, ela cuida sozinha do menino, reivindica heroísmo apertando em seus braços aquele pacotinho que é seu filho, como se alguém quisesse tirá-lo dela, mas ela não permitirá nunca, nunca nunquinha, reclama apertando o filho contra si ainda mais forte, quando na verdade ninguém quer tirá-lo dela, e sua ânsia é tão excessiva que alguém diz acalme-se Francesca, e diz também: não tem necessidade...

Ela afrouxa os braços, fica com o menino um pouco mais em seu colo, depois o coloca no berço.

Ele vai sair dessa, repete a si mesma. Sem contar que não são só os imprevistos, tem também os inimigos. O mundo lá fora dificulta, às vezes conspira. No hospital, Fausto Sabatini não permite mudanças de horário e substituições. De repente, ele adoece. Francesca fica sozinha. Resiste. Está obstinada, turnos noturnos, não dorme. Sete cafés por dia, trinta cigarros. De vez em quando suas mãos tremem, coisa imperceptível, não fosse alguém na sala de operações que nota: a doutora não está bem, a doutora anda bebendo.

Primeira parte

Fausto Sabatini volta recuperado, mas depois de poucas semanas decide pegar as férias atrasadas, vinte dias, ele é um workaholic, nunca faltou a um dia de trabalho. Por que então justo agora? Francesca reclama com o marido. Renzo abre os braços, não sabe o que dizer.

Sabatini é o único que tem coragem de discordar da mulher do Professor, ou seja, do Professor. O único na história do hospital que, nos vinte anos de reinado do Professor Ciabatti, o afrontou diretamente, pronto a pagar pelas consequências, a ser mandado embora, punido, que coragem, penso, anos depois. Que coragem desafiar meu pai, ninguém antes dele havia ousado. Estamos em 1972. Um ano depois, o Professor Lorenzo Ciabatti nomeia o doutor Fausto Sabatini chefe da anestesia. Nomeia-o logo após minha mãe parar de trabalhar, logo após um episódio grave, algo que aconteceu na sala de cirurgia, algo que leva Francesca Fabiani a abandonar tudo, inclusive a pedir sua exclusão da ordem dos médicos. Pois bem, pouco depois Sabatini é promovido. Prêmio, reconhecimento, troca...

O que aconteceu exatamente no dia 22 de março na sala de cirurgia do San Giovanni di Dio?

A versão oficial é que para uma mulher é impossível conciliar trabalho e família, é preciso escolher, especialmente tendo mais de um filho, mesmo sendo rica e esposa do Professor.

Assim, Francesca Fabiani escolhe seus bebês, tão pequenos e graciosos. Os bebês que começam a engatinhar no grande salão com vidraças para o mar. E os enfermeiros do hospital, sob as ordens do Professor, montam uma grade de proteção ao redor da piscina para evitar que os pequenos caiam.

Mesmo assim, anos mais tarde, a menina cai após ser empurrada por outra menina, Veronica Fanfani (avô paterno

Amintore Fanfani, avô materno Ettore Bernabei),[8] e é prontamente salva pelo Professor. Terno e gravata, tinha acabado de chegar do hospital onde havia operado o dia inteiro — úlcera, cálculos, peritonite — completamente vestido, ele se joga para salvar a menina — vocês sabem quanto tempo uma criança leva para se afogar? — mergulha sem nem tirar os sapatos, mocassins pretos que acabam boiando na superfície, ele se joga para pegar aquela pequena inconsciente, atordoada e inocente criatura que é sua filha, e eu me agarro a ele com todas as minhas forças, o amor, a confiança, o papai. O meu papai.

Eu me chamo Teresa Ciabatti, tenho quatro anos e sou a filha do Professor. A alegria, o orgulho, o amor do Professor Lorenzo Ciabatti. Que todos fiquem sabendo — pessoas simples, pobres, invejosas — assistam-nos passeando pela cidade, eu e ele bem juntinhos, oh papi, e vocês parando para cumprimentá-lo, e ele respondendo apenas com um aceno de cabeça, igual ao papa, igual a deus, respondendo aos festejos de vocês enquanto segura a mão da sua menina. Apenas ela. Apenas eu. A mais amada.

---

8   Jornalista e produtor televisivo, foi diretor da RAI de 1960 a 1974. [N. T.]

SEGUNDA PARTE

A mais amada
Teresa Ciabatti

1

Vocês não entendem!, grito, apertando a cabecinha em meu peito.

Desço as escadas, paro no quarto degrau e pulo. Vovó lá atrás: me devolve! Mas eu não desisto, até que a mamãe aparece: onde você achou isso, devolva imediatamente!

Orgulhosa, corajosa, de peito estufado, chego perto da janela: vocês vão fazer o quê com ela? Agressiva, teimosa: por que são tão insensíveis? Desesperada: sem ela minha vida não faz sentido.

Esta sou eu, em pé no peitoril da janela — dando a entender que, sim, eu poderia me jogar — pele claríssima, fantasma, dentes certinhos, uma das poucas que não precisam usar aparelho. Maiô rosa de morangos vermelhos. Pernas de fora, descalça. Vão fazer o quê com ela, repito, insistente.

Será que já não tenho brinquedos o suficiente?, mamãe protesta. Nenhuma outra menina tem tanto brinquedo assim... aquilo não é uma boneca, não é um brinquedo, será que eu não vejo que não é nada?

Abraçando bem forte aquele nada, mais forte ainda, murmuro: vou cuidar dela.

Gritos se sobrepondo: o problema é que você é muito mimada.

Vocês não têm coração.

Egoísta mimada.

Segunda parte

Vocês me odeiam.

Olha lá que te dou um sopapo.

Tem muita violência nesta casa.

Devolve agora a cabeça para vovó.

Por que vocês me colocaram no mundo se não me amam?

Para com isso e vai para a escola.

Então, alucinada, ainda em pé no peitoril, de costas para o mar, eu, lá de cima, como uma pequena Nossa Senhora, acuso: vocês só querem saber de dinheiro e joias, para vocês o amor não conta.

Sua tonta, vozes se sobrepondo, desce agora, desta vez vai levar uma.

Dinheiro e joias, repito tranquilamente, sou Nossa Senhora e esta é minha ascensão, estou me apartando de vocês, míseros humanos, dinheiro joias e peles, fico delirando até que escuto a voz de trovão.

O que está acontecendo?

Uma voz que parece vir do alto, mas na verdade vem daqui, da terra, mais exatamente do pórtico.

Saio do peitoril, corro até ele e mostro, mostro a cabeça de manequim com uma peruca marrom. Peço, imploro para que diga àquelas duas mulheres, àqueles dois seres inferiores, que deixem a cabeça comigo: vou ser mãe, avó e irmã dela, prometo. Será o meu amor, meu único amor.

Deixem a menina ficar com ela, papai ordena.

Eu me chamo Teresa Ciabatti, tenho sete anos e acabei de descobrir que minha avó usa peruca. Causa: alopecia, é completamente careca. Ela guarda no armário uma cabeça de manequim com uma peruca reserva, igual, idêntica à que está na cabeça dela: cabelos castanho-escuros presos num coque.

Todos os Pileri são carecas, mamãe me conta em um momento de intimidade, eu e ela na cama, pernas entrelaçadas.

Então a vovó Teresa também... Cuida da tua vida, ela me interrompe. Minha bisavó era careca, suas irmãs eram carecas, as filhas também. Todas carecas, até chegar na mamãe. Com ela a doença se rende. Mamãe tem cabelos volumosos, eu os acaricio, deveria deixar crescer, porque ela prefere assim, ah, estou velha para ter cabelos compridos, suspira. Seu cabelo é lindo, eu a penteio no ano em que ela dorme. Mamãe tem cabelos grossos e luminosos. E eu também.

Em pé, no trampolim, eu solto meus cabelos loiro-escuros, levemente ondulados, luminosos, meus cabelos saudáveis, imaginando que alguém possa me ver da praia ao olhar para cima: quem será aquela criatura maravilhosa?

Sou eu, queria gritar levantando os braços ao céu, sou eu, Teresa Ciabatti, dou impulso e mergulho.

Cabelos flutuando na água.

Tenho uma infância feliz. Barbies, fantoches, bonecas. Vestidos, sapatos, joias. E uma cabeça de manequim com cabelos para eu pentear como quiser.

Vivo em grandes casas. No verão fico nesta, com piscina, a minha piscina. Viajo. Estive em Londres, Nova York, Paris, Viena, Grécia, Turquia, Disneylândia. No inverno mamãe e papai nos levam para esquiar: Cortina, Madonna di Campiglio, Suíça. Vi o mar e a neve, as pirâmides e o deserto. Vi a pedra de Roseta e o Mickey em carne e osso. Vi de tudo, crianças que estudam comigo: sou diferente, é inútil negar, eu sou a filha do Professor.

Meu pai é o homem mais importante da Maremma. Ele cuida de graça dos pobres, o Professor ama os pobres.

De tarde eu sempre vou ao hospital dar um oi para ele, acompanhada da vovó ou da babá.

Quando está em cirurgia, fico esperando na sala reservada aos funcionários, por onde passam médicos que ficam me fazendo deferências. Bonitos e jovens. No colo de um e outro, fecho os olhos: fico apreensiva encostada naqueles peitos musculosos, não quero ver, sinto muito medo quando abrem as portas e aparece uma maca com um paciente desacordado, tumor. Atrás, médicos, enfermeiros e, por último, ele. Os discípulos lhe abrem passagem, e eu o vejo rodeado por aquela luz azulzinha, uma luz como aquela, puríssima como a de uma estrela, a luz que abençoa somente o Professor, meu pai. Corro até ele e pulo em seus braços — ei, devagar! — com as pernas agarradas em sua cintura e os braços em seu pescoço, bem apertados — assim você me sufoca — eu imploro, peço em voz alta para que todos consigam ouvir: ah, papi, vamos comprar um tutu.

Estou certa de que me tornarei uma bailarina profissional por vários motivos, entre eles a influência do meu pai no mundo. Ele pode tudo: conseguir que o filho de um lavrador seja contratado pela Polícia Municipal de Orbetello, interceder junto ao presidente da Região para o cargo de cirurgião-chefe em Massa Marittima. Pode até mesmo consertar a filha descontrolada do seu amigo comissário. Com um passado de heroína e dezenas de homens, a pobrezinha não tem nada nas mãos, nem um diploma, menina bonita, pelo amor de deus, ela gostaria de trabalhar na televisão, explica o pai, preocupado, mas é um sonho, Renzo, simples sonho de uma garota ingênua...

Sonho que Renzo realiza.

Portanto: com tudo o que faz pelos outros, o que poderá fazer por mim?

Bailarina, atriz, apresentadora de TV. Fico treinando em casa, no salão com espelhos e barras que exigi. Tutu rosa e sapatilhas de ponta, paraliso diante de minha imagem refletida: sensação de um futuro grandioso pela frente. Bailarina, presidente da República, a primeira presidente mulher, santa. Santa Teresa de Orbetello: eis que vou caminhando pela praia até chegar ao mar, etérea, evanescente, continuo, caminho sobre a água, enquanto todos fazem oh e sussurram: eu sabia que ela era especial. Sou especial mesmo. Repito sozinha, mas queria dizer para mamãe, compartilhar com ela minha condição de privilegiada.

Cadê a mamãe?

Dorme. Então fico dizendo para mim mesma — você é especial, Teresa — até nos bastidores, antes de entrar em cena.

Supercinema de Orbetello. Nós, meninas, estamos esperando a nota musical certa para a nossa entrada. A minha é diferente, tenho uma nota só para mim. Primeiro entram as outras, em grupo. Depois eu, sozinha. Não sou a melhor, nem a mais graciosa. As colequinhas reclamam: por que sempre ela?, dirão pelas costas.

Sabe o quanto eu sorrio em resposta a olhares de ódio no camarim? Ano após ano — criança, menina, adolescente — estou na primeira fila no palco. Os aplausos são para mim, todos para mim, não para vocês.

Mas não em 1979, o ano de *Inverno*, coreografia ambientada na neve que inclui uma primeira bailarina alçada pelo bailarino, explica a professora, este ano teremos um bailarino — um menino, um menino, gritinhos pela sala — um profissional de Grosseto. E nós, sentadas no chão de pernas cruzadas, com os coraçõezinhos palpitando. O coraçãozinho de todas elas menos o meu, já sei, meninas, não sejamos hipócritas. Fechem os olhos e imaginem-me rodando sobre a cabeça do bailarino, olhem-me de novo, esplêndida e formosa, vendo o mundo lá do alto. Oh, como eu queria que este ano viessem os médicos e enfermeiros, aqueles garotões robustos que me adoram, queria todos eles aqui me aplaudindo. A delícia de ter alguém a minha completa disposição,

Segunda parte

o pelotão de jaleco branco que acompanha papai, aquele pelotão que eu sempre senti como se fosse meu também: Vincenzo, me empurra no carrossel, ao enfermeiro loiro. Paolo, quero um tigre de pelúcia, ao cardiologista. Emilio, compra sapatos cor-de-rosa número 31 para mim, ao ginecologista.

Eles executam. Executam para agradar ao Professor, dizem. Mesmo assim: certeza de que entre eles não haja pelo menos um apaixonado por esta esplêndida e excepcional menina?

Sentadas no chão, esperando que a professora distribua os papéis, fico pensando no bando de médicos que me amam e aplaudem meu voo nos braços do bailarino, a professora vai dizer agora, está a ponto de pronunciar meu nome: Teresa Ciabatti, é você.

No entanto, ela diz Simona. Este ano Simona será a primeira bailarina.

Paro de respirar, meu coração acelera, não é possível, estou gaguejando, não é possível, na sala e no vestiário, arrancando com pressa o tutu. Jogo as sapatilhas no chão, não, não aceito, não e não, vou contar ao papai, ameaço de regata e calcinha, pequeno trovão.

Conto ao papai e aos subordinados que fazem tudo o que ele manda: tem quem se apresse a consertar a pia, a pintar o portão, quem vá pintar as paredes de casa. Nós não temos encanadores, eletricistas, pintores de parede, nós temos médicos e enfermeiros, um monte de médicos e paramédicos a nossa completa disposição que aprenderam até o funcionamento da piscina caso ela quebre. Pode sair um minuto da água? Amedeo, anestesista, me pede, é só o tempo de consertar o skimmer. Não, respondo, deitada no jacaré. Nem me viro, olhos fechados cobertos pelos óculos escuros que me protegem do sol.

Vou contar para o meu pai, repito no vestiário da dança, enfio meu casaco montgomery em cima do body, e fujo. Metade bailarina, metade uma menina qualquer, alcanço o carro da mamãe.

O que aconteceu?

Não é justo, e bato a porta do carro.

Posso saber o que aconteceu.

Tô com raiva de tudo, grito, das pessoas, desta cidade.

Francesca Fabiani me olha, sem entender: o que te fizeram?

Empino o nariz.

Não pergunta mais nada. Não indaga, não insiste. Pode ter acontecido uma tragédia, uma violência, ou mesmo nada, na escola de dança. Não importa.

Agora ela me abraça — embora eu tente me esquivar, odeio contato físico — e me segura firme. Será que não é ela que está se agarrando a mim? Será que não é ela que está pedindo ajuda? Em meus ouvidos sussurra que tudo se ajeita, qualquer coisa se ajeita, pequena.

Segunda parte

2

Não é verdade: nada se ajeita. Nesta cidade todos me invejam. Queria ir embora, mas não posso, tenho só onze anos. Uma criança prisioneira, penso, fechada em meu quarto. Onze anos oficialmente, mas de inteligência quinze ou dezesseis. Eu sou diferente, sou especial, reivindico dia após dia na presença de meus pais. Eles ficam calados. Acho que sou um gênio, sussurro, eu mesma intimidada pela palavra. Eu sou um gênio, digo mais alto, sou um gênio, afirmo com segurança, pronunciando com ênfase a palavra, gê-nio.

Meus pais não reagem, mas depois quando saio os escuto falando baixinho: talvez não esteja bem, precisa de ferro, não viu como está pálida?

Não preciso de ferro, nada, estou ótima. Ótima, mundo! Não entendo por que mamãe e papai estão preocupados, é só olhar para mim: ainda não comecei a me desenvolver — estou quase lá — mas não conseguem ver que mulher magnífica eu provavelmente serei? Outros pais estariam orgulhosos, em vez de ficar confabulando na cozinha sobre doenças e insuficiências, outros pais me abraçariam e me encheriam de beijos.

No entanto, aqui estou eu, subestimada. Cresço nesta casa, neste vilarejo em que ninguém se dá conta do quão excepcional eu sou. Aninhada em seu colo eu pergunto, papai: na sua opinião eu me pareço com a Marilyn Monroe?

Papai me leva ao dr. Pappalettere. Tire os sapatos e suba na balança, o doutor diz. Peso ok. Encosto na parede, altura. Da última vez que me mediu, eu tinha a altura da pata. Hoje estou acima da girafa, lá onde acabam os centímetros e os animais. Agora sente-se, Pappalettere diz. Os ouvidos estão bem. Garganta, me retraio, esse palito me dá vontade de vomitar, tenho medo, doutor, fica tranquila, ele garante, abre bem... parabéns...

Com os pés pendurados no vazio, eu sei que agora vou ter que levantar a camiseta. Três meses atrás eu pedi um sutiã a mamãe, meu primeiro sutiã, mas ela disse: para quê. Eu fiquei vermelha e não pedi mais. Caminho com as costas curvadas, ainda sou pequena, pequena como mamãe e papai querem. Então agora, sentada na caminha do consultório, olhando os animais desenhados na parede para indicar a altura a cada dez centímetros — pintinho, gato, pata, cachorro, girafa — fico esperando o pediatra me mandar tirar a camiseta. Espero e curvo minhas costas, pedindo que esse momento não chegue rápido, mais um tempinho, alguns minutos, antes que vocês percebam que estou grande.

Pappalettere apoia o estetoscópio na camiseta — não preciso tirá-la! — talvez ele também esteja sem graça, afinal, sou a filha do Professor. E então o pediatra posiciona o estetoscópio em meu peito, altura do coração. Está batendo.

Eu me chamo Teresa Ciabatti, tenho onze anos e hoje é meu primeiro dia na escola secundária. A escolha de meus pais foi me matricular não em Orbetello, onde todos me veem como a filha do Professor, mas sim em Porto Ercole, onde ninguém sabe quem sou, você vai ver como ela abaixa a crista, papai alega, colocando a mão no ombro da mamãe. Após exames e consultas — tudo dentro da norma, essa menininha está completamente saudável — meus pais concluíram que o problema era o ambiente: nesta cidade eu me aproveito da posição de meu pai, me blindo com o seu poder. Vamos mandá-la para longe onde ninguém a conhece, papai decidiu. Porque o Gianni, o maravilhoso Gianni, o humilde Gianni, papai deixou em Orbetello. Aqui ele tem os amigos e o tênis... mamãe explica.

Sem perder tempo refletindo sobre esta injustiça — sou uma garota corajosa, estão pensando o quê — vou ao encontro de minha nova vida.

Adeus, Orbetello, adeus, mentes limitadas e maledicentes, adeus. Não, não estou assustada, pelo contrário. Em Porto Ercole me esperam o vôlei de praia, passeios de lancha, prêmios, imagino taças e medalhas. E aplausos, tantos aplausos, Teresa é fantástica! Do outro lado da lagoa, a oito quilômetros de distância, há um novo mundo para mim. Um mundo de pessoas sensíveis, digo a mim mesma, neste tão esperado primeiro dia na escola, cheguei, pessoal!

Chego ao vilarejo de manhã bem cedo: pescadores voltando da pescaria, calma, silêncio, cheiro de mar, bem diferente da lagoa! Aqui é tudo tão pitoresco. Aqui a vida é outra coisa, a vida e o amor. Pois neste vilarejo periférico eu encontrarei o amor, fico pensando ainda no carro — no Fiorino da mamãe —, neste lugar esquecido por deus eu serei amada. Olho para trás por um instante: a cidadezinha antes envolta na névoa da manhã agora ilumina-se, um brilho pálido, luzes dos postes e das casas, uma faixa de terra ao longe. Mais nada. Orbetello.

De repente me atravessa uma sensação pungente, de melancolia ou, talvez, de esperança.

É um dia cinza de setembro, o sol vai saindo aos poucos, no alto o azul do céu está vivo e salpicado de nuvens enormes, semelhantes a escombros. É um dia de vento que sacode as árvores e arrasta galhos pela rua. Um dia fora do comum nesta estação. Eu vou subindo os degraus. Mamãe me deixou na via Caravaggio porque não dá para chegar à escola de carro por agora, só por agora — professores, diretor e prefeito asseguram —, é preciso ter paciência, poucos meses, garantem, as obras já começaram (obras que vão se estender por seis anos, o tempo de a escola secundária acabar para mim e para a geração seguinte).

Os degraus que sobem a colina são o início da idade adulta. O primeiro percurso sem mamãe e papai, vou avançando entre coníferas e pedras. É aqui que verei um esquilo pela primeira vez na vida, no percurso para minha adolescência, verei um esquilo de verdade! Sobe ligeiro numa árvore, tão rápido que só consigo ver a cauda: um segundo e desaparece em meio aos ramos, quase uma ilusão, não fosse pelo farfalhar das folhas e, ops, a bolota que cai.

Rato do caralho. Uma voz.

Um rapaz embaixo da árvore. Um rapazinho fumando.

Nas idas e vindas dos três anos de escola secundária, além dos esquilos verei, neste bosque, menores se drogando, menores fazendo sexo oral, menores transando. Menores, só menores de idade. Tudo isso no caminho para a escola. Bem-vindos à escola secundária Michelangelo Buonarroti, Porto Ercole, Grosseto.

Segunda parte

3

Alguém por favor me explique por que nesta escola inacessível ao mundo civilizado, neste vilarejo insignificante, por que existe bem aqui uma multidão de maravilhosos exemplares adolescentes, quem são estas criaturas altíssimas, estes seres de pernas longas e madeixas onduladas?

Fedora, Iside, Dolores. No segundo ano tem até uma Maria Teresa. Uma quase Teresa, que não sou eu.

Alguém por favor me diga o porquê de essas criaturas estarem aqui, em 1983.

Não podem ser fruto do enxerto da estirpe espanhola que chegou também a Orbetello, e olha o resultado em nós, orbetellanos: coxas grossas, bundas murchas. Vocês podem me explicar de onde eles saíram?

Em casa, no corredor de espelhos vejo uma cabeça decepada. Não mais a linda menininha. Fecho os olhos e fujo correndo.

Por que vocês me mandaram para cá, mãe, pai? Não vou sobreviver. Em um oásis de valquírias, eu desapareço. Gente que quando joga vôlei — shorts curtos e camiseta transparente — chama toda a atenção, não sobra lugar para mim. A cada salto, peitos balançando. A cada passe, machos estremecem na expectativa de ver sutiãs se abrindo, shorts subindo e se encaixando na fenda daquelas bundas perfeitas. Quem sou eu no meio delas? Quem sou eu na metade do aparelho de escalada[9] sussurrando que não consigo, não consigo, olhando para baixo como se estivesse em um precipício enquanto elas me ultrapassam com seus longos membros? Quem sou eu que, a mando da professora de educação física, sou resgatada por duas delas, bailarinas, panteras, que agilmente chegam até mim e enquanto uma me tira a mão e me ajeita no degrau, muito bem, a outra me faz apoiar o pé embaixo, vai devagar, me tranquilizam, você não vai cair, e me levam para baixo.

Só quando estou no chão vejo que uma delas é a Maria Teresa.

Um metro e setenta, cabelos pretos, olhos verdes claríssimos. Pele morena. Em momentos de reflexão, coloca a mão em forma de leque na lateral do nariz, cobrindo metade do rosto. Sou mais bonita de perfil, explica.

Camiseta branca para mostrar o sutiã. Os maiores peitos da escola. Muitos dizem que já os viram. Aos doze anos, Maria Teresa já transou. Não tem namorado fixo.

Uma hora está com um, outra hora com outro. Corre o risco de repetir de ano, mas não se importa.

Pai pescador, Maria Teresa é a única menina de quatro filhos. Não quer acabar como a mãe, pobrezinha, deformada depois de tanto engravidar, e pensar que quando jovem era bonita, se você visse as pernas dela, mas agora... Não consegue dar conta de tudo, está sempre pedindo coisas aos filhos: aqui Athos, ali Roberto, assim Gianfranco, Teresa, procura a escova embaixo da cama. Não, ela não quer ficar deformada como a mãe, mesmo que no fim lhe aconteça o que sempre acontece, com trinta anos os homens não te querem mais. Você faz filhos, passa roupa. Por sorte os trinta ainda estão longe, tem ainda muito tempo para viver cada

---

9 *Quadro svedese*, equipamento usado para a educação física na Itália. [N. T.]

instante intensamente. Sei fazer tudo, ela me diz enquanto se maquia em frente ao espelho do banheiro da quadra da escola. Posso me maquiar até sem espelho, e até cega, acrescenta. Para ela a imagem é importante, a imagem é tudo: perfume, sapatos, vestidos, não se veste com roupa barata como tanta gente na escola faz, não, ela só usa roupa de loja boa (muito depois vou descobrir que para conseguir dinheiro Maria Teresa rouba, principalmente no supermercado, deus, como ela gosta daquele supermercado, para depois revender pela metade do preço).

No vestiário da quadra ela me olha de cima a baixo: por exemplo, não é que eu me vista mal, observa, dá para ver que é coisa de marca, mas é de criança e eu já tenho corpo de mulher, ela tem a impressão de que eu já tenho peitos, mas não quer se enganar, deixa eu ver seus peitos.

Eu me encolho.

Não dá para entender nada com esse negócio, não sei se você usa P, M, G, tira o moletom.

Como eu me sinto inferior diante de você, Maria Teresa, como eu queria ser sua amiga! Andar ao seu lado vendo os rapazes virando o pescoço para dizer: lindas meninas. Porque a beleza irradia. Ser grande também. Com você ao meu lado eu deixaria de ser criança.

Levanta a camiseta, insiste.

E então, olhando para o chão, eu tiro o moletom e a camiseta.

Falei que você já tinha peito, comemora.

Sabia que eu também me chamo Teresa?

Ela sorri: eu prefiro que me chamem de Maria, Teresa é horrível.

Depois da aproximação na quadra da escola, da discussão (Maria, você não se dá conta da nossa ligação?), dos peitos (fiquei pelada na sua frente!), depois de tanta cumplicidade, o nada. Como se nunca tivéssemos nos conhecido. Quando a cumprimento, ela às vezes responde, outras vezes não. Nunca serei capaz de conquistá-la, ela tem vergonha de ser vista comigo, parece que eu saí da creche.

Em casa eu brado: quero uma minissaia! E meu pai: pode esquecer. E minha mãe: nos joelhos. Insisto: eu disse minissaia!

Então, em um dia de maio, subo as escadas do bosque de saia e tênis de plataforma, poucos centímetros, o suficiente para eu me sentir adulta e te procurar, Maria, dar uma voltinha e dizer: comprei em uma loja de marca.

Você olha, me examina, e então sentencia em frente às outras garotas: abaixo dos joelhos, tá parecendo minha vó.

E eu de cabeça baixa, sentindo-me ridícula, inútil, pequena e maltratada criatura, e até boba, Maria, neste exato momento uma voz interior me diz você é muito boba, Teresa Ciabatti. Sabe por quê? Porque não pode se deixar humilhar por uma pobre coitada, que isso! Agora eu vou dizer: nunca me tinha acontecido de ver tanto pobre junto. Esta é uma escola de gente pobre. Gente linda, mas pobre. E talvez tenha chegado o momento de inverter os planos, de não me submeter a tais parâmetros de classificação, porque a vida é outra coisa, a vida fora daqui é muito diferente, vocês não sabem mas eu sei, e agora vou contar para vocês o que é a vida, seus merdas, quem está falando é Teresa Ciabatti, levanto o olhar orgulhosa, vou dar uma aula antecipada sobre o destino de vocês fora daqui.

Um dia desses você tem que ir dar um mergulho lá na minha casa, mando esta na mesma manhã, no banheiro.

Maria está na frente do espelho passando batom.

Tento de novo: você tem que ir conhecer minha piscina. Em que sentido? Ela acena uma leve reação.

Segunda parte

Ganho força: eu passo o verão na minha casa de dois andares, uma das poucas casas com piscina do Argentario, eu e a Susanna Agnelli, um homem, meu pai diz que a Susanna Agnelli parece homem... mas ficamos só eu e ela na piscina — continuo, me sentido cada vez mais segura — não, não, não é mentira, Maria — dou risada — é a pura verdade... meu deus, não, meu pai não é o caseiro do lugar, a casa é minha, propriedade privada minha de valor inestimável, e isso porque meu pai é o Professor, revelado o mistério, cara Maria — anuncio como se estivesse tirando a vestimenta burguesa — eu sou a filha do Professor! — e colocando um macacão de super-herói. Sabe quem é o Professor, né? Certeza já operou alguém da sua família, ele é muito generoso com os pobres. Mas é verdade, tem fama de ser severo, as pessoas têm medo dele, mas enfim, não digo que não seja, quem é cruel é cruel... exceto comigo, ele me adora, suspiro, esgotada, que exaustão subir do fundo do poço até as estrelas. Aqui de cima tudo é magnífico.

Estou de novo no alto, de novo com meu macacão cintilante e meus superpoderes. Agora sim conquisto meu lugar nesta escola. Vocês não sabem o quanto é bom — entretenho a multidão, lazer sem fim — acordar de manhã e, antes mesmo de escovar os dentes, pensar: acho que vou dar um mergulho na piscina.

Assim começa a amizade entre mim e Maria. Ela me ensina a ser adulta: chega de camiseta de florzinha, de casaco Montgomery, de sapato boneca. Não tenho nenhuma calça jeans? Fica horrorizada: com onze anos você não tem nenhuma calça jeans?

Sem falar na maquiagem, por que não me maquio? E brincos? Nem furei a orelha... uma criança, pareço uma criança, não fosse pelos peitos, coragem, você tem que mostrá-los, deixe que vejam a mercadoria! Ela toma as rédeas, me transforma, é muito boa transformando, quando crescer quer ser esteticista ou maquiadora, cabeleireira não, ser cabeleireira acaba com as suas mãos.

O irmão da Maria a leva de carro até minha casa. Não é verão e estamos em Orbetello. Um edifico do século xv, antigo forte espanhol, centro histórico. Três andares, piso de parquet, livros, muitíssimos livros, quadros originais. Vamos lá em cima, pego pela mão a amiga pobre que se deixa levar docilmente, nunca viu tanta riqueza, e isso não é nada, querida amiga, espere chegar o verão, vamos a Pozzarello, na minha casa com piscina. Talvez pela primeira vez na vida Maria Teresa Costagliola esteja desejando ser outra pessoa, ah, se eu tivesse nascido em outro lugar, deve estar pensando, se eu fosse Teresa Ciabatti...

Mas você não sou eu, minha amada amiga. Você é você e eu sou eu. Mas esse é realmente o seu quarto? Arregala os olhos. Quer dizer, você dorme aqui sozinha? Ué, e com quem eu dormiria? Respondo como a proprietária de um mundo onde é normal dormir sozinho, onde é normal ter banheiro no quarto e banheira de hidromassagem (talvez eu esteja enganada, a moda da hidromassagem vai chegar anos depois).

Passamos tarde inteiras no meu quarto, eu e Maria, um microcosmo em que nada mais é necessário. Preciso me livrar dos brinquedos, ela determina, mas depois se aproxima para mexer neles — mamãe, mamãe, a boneca começa a falar — e ela dá um pulo, que susto! Meu pai trouxe essa boneca da América, na Itália não existe. Em seguida nos jogamos na cama, e eu pergunto: para quem podemos ligar? Pois eu tenho telefone no quarto. Um telefone em forma de Garfield (pode ser que eu esteja outra vez enganada, que o telefone do Garfield seja dos anos 1990). Aí ela perde a paciência, olha

Segunda parte   111 no meu armário, reclama que não tenho nada de mulher. Então eu me levanto da cama e puxo sua mão, vem comigo. Corredor, primeira porta, segunda, terceira, última porta, entra, e fica sem ar.

O closet da mamãe: jaquetas, casacos, saias. Sapatos, bolsas. Meu deus, Maria murmura, olha essa de crocodilo! Mataram um crocodilo para fazer isso! E lá em cima, pendurados e protegidos com celofane, os vestidos de noite. Olhos fixos lá no alto, como se estivéssemos vendo uma assombração.

Posso vê-los de perto?, Maria pede falando baixinho.

Claro que pode. Ela me mostra um vestido, eu o pego com a haste. Será que posso experimentá-lo?, sussurra. Você pode fazer o que quiser, digo de forma hierática, como se eu fosse um deus que abre as portas do paraíso, vem aqui dentro, Maria.

E enquanto ela tira a roupa e fica de sutiã e calcinha, meu deus como é bonita, enquanto coloca o vestido e se olha no espelho, e caminha para cima e para baixo no quarto, e se sente importante, uma mulher, eu me deito no chão com os pés na parede e fico olhando para ela de baixo, e tenho a impressão de estar vendo minha mãe, ela mesma com o vestido verde, e acima dela todos os vestidos que pendem como se fossem outras tantas mães, todas as mães de que ouvi falar e que não vi, pois nunca vi a mamãe usando nenhum desses vestidos. Penso com pesar na época anterior ao longo sono, a época anterior à minha existência, como eu queria voltar lá atrás, te conhecer jovem, o dia em que você chega a Orbetello e confunde papai com um porteiro, o dia do casamento, ou o dia em que você está quase dando à luz e te fotografam, você radiante com a barriga enorme e papai dizendo: é um. Mas somos dois. Saímos, e somos dois. O Professor teve gêmeos, viva, viva. Como eu queria

A mais amada

ter te conhecido antes, mamãe, antes de nós, quando havia tanta esperança. Dizem-me que você usava saias curtíssimas e que fazia banho de vinagre nos cabelos, contam-me que para ficar em forma após a gravidez você fazia abdominais às vezes durante uma hora sem parar, talvez deitada no carpete, depois que nós dormíamos, e a vovó te dizia levanta Francesca, e você respondia quero acabar.

Uma melancolia me toma por dentro, como uma falta, a falta de uma mãe que nunca conheci, onde você está? Suspiro. Onde você está, linda e jovem mamãe?

Eu vagava em meus lamentos quando a mãe verdadeira aparece na porta, o que estão fazendo aqui?, ela pergunta, e Maria coloca os braços em frente ao peito como se estivesse nua, mas está com um vestido de noite, o vestido verde-limão. Desculpe-me, senhora. Mamãe, olhos fixos no vestido, não diz nada. Não queria, minha amiga tenta de novo, era brincadeira, insiste, vou tirá-lo agora, senhora, e tenta baixar o zíper lateral, me ajuda Teresa, ela me chama e eu me levanto, pronto, ela está tirando, eu também falo, confusa com o silêncio e os olhos fixos de minha mãe, o que você está olhando, mãe, o que está vendo?

Algumas horas depois, estou imersa na banheira cheia de espuma fazendo bolhas com a boca, quando minha mãe irrompe reclamando que pelo menos as calcinhas eu poderia colocar no cesto de roupa suja, quantas vezes vai ter que repetir, e em vez de reagir e começar uma briga, eu pergunto: me faz companhia?

Você tem que ser uma pessoa limpa, continua.

Me cubro ainda mais de água, espuma até o queixo. É bonito o vestido, digo.

Ela embola minha calcinha.

Quando você usou?

Segunda parte

Minha mãe pega a esponja e se senta na borda da banheira, vem aqui que lavo suas costas.

Entendido, ela não quer falar nisso. Levanto-me e viro de costas para ela. Escreve em mim?, peço. Ela suspira, você tem que se lavar.

Escreve?, insisto.

Mamãe mergulha o dedo na água e o movimenta rápido sobre minha pele, rápido demais. Mais devagar, digo. Agora vai devagar demais. A, T... me toca com leveza, quase um carinho... mão da mamãe, devia me tocar assim quando eu era pequena, não lembro, O.

Gato!, eu digo. Você escreveu gato.

A mais amada

4

Os anos da escola secundária tornam-se um acúmulo de proibições: nada de sair com as amigas, nem festas de aniversário. Em Porto Ercole vou só à escola, fim. O motivo é que mamãe e papai ficaram sabendo, ou alguém lhes disse, que na escola do mar os rapazes são espertos: sexo, drogas, até droga usam, Renzo! Escuto uma discussão: erramos ao mandá-la para lá, precisamos salvá-la.

Só que eu não quero ser salva, quero ficar na escola da colina, com os amigos que me adoram, e o mar, e os esquilos. Estou feliz, mamãe, papai, pela primeira vez na vida, choro tragicamente, sou uma mulher feliz.

Mulher, meu pai balança a cabeça.

Tentam me tirar de lá, eu me rebelo, chego a tentar suicídio.

Engulo treze aspirinas, deito na cama e fico esperando a morte. Adormeço, acordo, adormeço. Mamãe entra no quarto, não percebe que estou morrendo. Preciso gritar com o que me resta de forças: eu me suicidei. E mostro a cartela vazia.

Não morro. Mas não me rendo. Chantagista, rebelde, inconsciente, é a idade, mamãe tenta convencer papai, não vamos fazer uma tempestade. Depois, de camisola, fantasma, descalça, despenteada, semanalmente apareço anunciando: tentei me suicidar. Naquela noite, na cozinha, talvez na décima tentativa, eles levantam os olhos do prato e me olham, minha família me olha com pena, não com preocupação. Eu morro — acerto a mira — e vocês vão chorar minha perda.

O neuropsiquiatra infantil que meu pai procura é uma sumidade que vem de Roma por minha causa. Doutor, saiba que estou ótima, digo ao me sentar em frente a ele. Tenho muitos amigos que me adoram, o senhor não sabe o quanto, as pessoas em geral me adoram, minha vida é incrível, doutor, tenho tudo o que quero e ainda por cima sou bonita, uma bela garota, não que eu esteja pensando no amor, está cedo, acima de tudo é o conjunto, um magnífico conjunto de felicidade.

Ele me olha: você queria morrer?

A sumidade acha que me assusta. Puxo longamente o ar, me acomodo melhor na poltrona, que na verdade é a poltrona do escritório do papai, é ali o nosso encontro, e explico: veja, doutor, não posso viver minha vida. Estas pessoas que são meus pais me mantêm prisioneira, não confiam em mim, mas com base em quê, por acaso já matei alguém? Se esta gente não me queria, poderia não ter me colocado no mundo, sinto muito, filhos são indivíduos distintos com caráter próprio e vontade de viver própria, não é justo cortar as asas dos filhos, e eu, se for para ter as asas cortadas — exagero na ênfase, a voz treme — se for para cortarem minhas asas, eu... prefiro eu mesma cortá-las.

Quando termina o encontro a sumidade conversa com meus pais. Ela não tem nada, sou apenas uma adolescente que luta para se diferenciar, para ser um indivíduo distinto dos pais. Ele aconselha — com todo o respeito pelo Professor, é apenas um humilde conselho — a fazer acordos: conceder algumas coisas, proibir outras.

A mais amada

Papai recusa-se: eu a tranco em casa. Mamãe balança a cabeça.

Estes são meus pais quando estou com doze, quase treze anos. O que eles temem? Que futuro querem para mim? Eis que minha mãe sai do banheiro, de roupão e cabelos presos, volta até a sala onde meu pai está, retoma o assunto — vamos estimulá-la a redescobrir Orbetello, as amigas da escola — e volta para o banheiro. Sai outra vez — no fundo falta só um ano para o fim da escola secundária, volta para o banheiro e sai de novo, e de novo, para depois aparecer na sala sem o roupão, deve ter esquecido, e anunciar: um ano passa rápido.

Da escada, onde estou escondida, vejo seu corpo como uma radiografia através da camisola transparente. Um corpo ainda magro, desenho perfeito. Quantos o terão notado, desejado, sonhado? Penso nos homens que amaram minha mãe, imagino que sejam tantos, uma multidão que — espero, é o que mais quero aqui de cima, do alto da escada — ainda a deseja. Que importância tem se meu pai olha para ela distraidamente, e diz que em um ano pode acontecer de tudo, pode até ficar grávida, e olha de novo para a TV, enquanto o corpo jovem de minha mãe volta em direção ao banheiro, mudando de forma com as luzes do corredor, às vezes magro, às vezes musculoso, efébico, próspero, doente, esse corpo jovem que eu, junto a milhões de homens imaginários, fico contemplando até ela desaparecer no banheiro.

Sentados ao redor da mesa da cozinha, mamãe e papai me comunicam as novas regras: posso sair de tarde, encontrar as amigas de Orbetello, há quanto tempo não as vejo? Passear no calçadão das 17h30 às 19h. Posso ir ao cinema, bater papo nos bancos da praça, posso ter toda esta liberdade, mas em Orbetello, não em Porto Ercole. Em Porto Ercole só vou à escola.

Segunda parte

Hesito por um instante. Depois demonstro alegria e prometo: vou ficar aqui em frente, se olharem pela janela vão me ver, juro pela sua cabeça, papi.

Vocês estavam certos, mamãe e papai, debocho voltando para casa de noite nos dias que seguem, Orbetello é o meu mundo, a minha vida! Que barato é passear no calçadão, ficar na praça, e sabem do que mais? Quero voltar a frequentar a missa, a missa é importante, eu acredito em Deus.

Eu mudei, alegram-se, não precisava muito, só regras, a sumidade estava certa. Suspiram aliviados: pensavam que tinham me perdido, mas estou aqui, amadíssima menina.

Sim, mamãe e papai, aqui estou eu de novo, obediente, dou abraços, nunca os decepcionarei. Agora vou para o quarto estudar, me chamem para jantar.

Subo e me jogo na cama: sou um gênio. O que eu dizia quando era menor? Gê-nio. Eu estava certa.

Caríssimo Professor, sua filha é mais esperta que você. Exímio Professor, grande homem, personalidade do território onde controla tudo menos sua filha, porque ela não aceita ordens, nas tardes em que sai não fica em Orbetello — como jurou pela sua cabeça, Professor —, não. Escondida atrás da cerca viva da estação, espera o ônibus. Sobe e se encolhe no último assento. Chega a Porto Ercole, fica uma hora com a amiga Maria — orla, via Caravaggio — desfilando para ser admirada pelos rapazes, depois ônibus de novo, Orbetello, casa. Sinto muito, Professor, sua filha faz o que ela quer, não o que você manda. A única no mundo que não faz o que você manda.

De noite, deitada na cama, me sinto orgulhosa ao pensar nas minhas fugas, vou conseguir, vou crescer mesmo meu pai não querendo.

A mais amada

A vida ao redor movimenta-se em meu favor até nas horas difíceis: estou de novo atrás da cerca viva da estação quando um velhinho bota a cabeça para fora da janela perguntando se quero carona, um anjo enviado do céu exatamente quando já gastei minha mesada e também a de Gianni, sem nenhum sentimento de culpa, ele é um menino, um menino que não precisa de dinheiro, um menino inocente que continua jogando tênis, ignorando o mundo adulto que recai sobre ele, era só olhar para cima que veria quem é o assustador mundo adulto: sua irmã gêmea. Tchau, Gianni, fica aí embaixo parado enquanto eu cresço, e subo no carro do velhinho dizendo: Porto Ercole.

Às ordens, o homem grisalho repete. Este vovô agora se vira para perguntar meu nome, e se tenho amigos me esperando. Este vovozinho insiste: vai se encontrar com algum rapaz? E sorri: ah, rapazes, não se fazem mais rapazes como antigamente... E continua: na sua idade os rapazes ainda não se desenvolveram, as garotas querem outras coisas... esse velhinho que finalmente faz a proposta: por que não vamos ao Monte Argentario? Não tem nada de mau, esclarece, vamos só nos conhecer, esticando a mão em direção a minha coxa.

Tenho treze anos e um velho está me molestando. Este homem poderia me jogar no chão, prender meus braços, abaixar minha calça e me violentar.

Mesmo assim, não me assusto. Até porque o Monte, começo a ostentar, é bem perto da minha casa de verão, sabe, sem querer contar vantagem, minha casa é a mais bonita do Argentario, e tem piscina. Ficamos lá eu e a Susanna Agnelli, na verdade a Susanna é um homem, tipo um homem, quem diz é meu pai, que é seu amigo e até já a operou, papai é cirurgião, cirurgião-chefe de Orbetello.

O velho fica nervoso: o Professor?

Aceno que sim.

Segunda parte

A senhora é filha do Professor? Me chama de senhora.

O velho começa a gaguejar: por favor, desculpe-me, senhorita, tenho tanto respeito por seu pai, toda vez que o nome Ciabatti é mencionado na Maremma alguém faz reverência... o Professor, que já fez bem a tanta gente... devo tanto a ele e nunca, nunca lhe faltaria com o respeito, pelo Professor eu arrancaria uma mão, de verdade, a senhora precisa acreditar, continua falando até chegar a Porto Ercole, onde me deixa.

E eu bato a porta do carro na cara dele.

É deste jeito que os acontecimentos da minha infância e do começo da adolescência terminam, nunca em tragédia.

Como se eu vivesse protegida por um manto que me deixa invisível, não há consequências para mim, sempre a salvo. Vou cair, caio, perco o equilíbrio, sacudo os braços, seguro a respiração, agora eu caio. Não caio.

Alguns anos antes, em 1979, estou eu no palco do Supercinema de Orbetello. Cá estou enjaulada na armação de arame coberta com borracha de espuma branca, bolinha de neve. Pouco importa que no espelho eu veja esta máscara, esta bola, esta coisa ridícula que sou eu. Pouco importa, porque antecipo o momento em que me descolarei das outras.

Depois de atribuir os papéis de *Inverno*, a professora introduziu uma variação no balé: a mudança de estação. O sol dissolvendo a neve e levando embora o inverno. Uma bolinha, uma de nós, deve se separar do grupo para içar o sol ao céu. E quem, se não eu? Teresa, ela me indica enquanto as outras me encaram com ódio. No vestiário explicarei que foi meu pai, ele sempre intervém em meu favor, suspiro, não posso impedi-lo. Não é justo, uma delas, de quem não lembro o nome, protesta timidamente. É a vida, eu respondo.

A mais amada

Conforme-se, pequena colega de dança, o mundo é assim, tem gente que possui as coisas, que possui você.

E agora permitam que eu me separe do grupo para ir até o centro do palco, diante do imenso público. Sou eu, gente, a melhor, a privilegiada, a menina que abrirá o caminho porque é filha do Professor, a propósito... cadê você, papai? A luz do palco me cega e impede de te ver, uma luz claríssima em que reconheço uma espécie de sinal secreto para mim, só para mim, uma promessa — mas de quê?

De um futuro diferente. Um futuro especial, graças a você. Assim, imaginando seu olhar, me curvo para recolher o sol. E com gestos lentos, uma dança, eu o levo para o alto, até o gancho de ferro lá em cima, em frente ao cenário de papel machê azul, e então te vejo, te encontrei, te reconheci em meio às sombras, papai, é você, é você mesmo, mas e a mamãe? Onde está a mamãe? Mamãe está dormindo.

5

Não tem piscina nenhuma, Maria me acusa. O terceiro ano começou para mim e para ela também, repetente. Não tem nenhuma casa com piscina, continua me jogando na cara na frente dos outros. Alguns riem, outros concordam. Gaguejando, eu digo que sim, existe sim, eu juro. Mas a esta altura ninguém mais acredita. O verão passou e eu desapareci. Vai explicar que meus pais me impediam de convidá-los, nada de gente de Porto Ercole em casa. Vai explicar que meus pais os desprezam, drogados, bando de bêbados viciados, é isso o que eles pensam.

Maria me censura, não faço nada, não tenho piscina e não transo. Não ponho nem na mão, que dirá na boca. Gino, por exemplo, que até estaria interessado, perguntou o que faço, e Maria não podia mentir! Ele, então, tentou negociar: ok, transar não rola, mas e atrás? Você faria, Teresa?, Maria pergunta.

Em que sentido?

No cu.

E eu, que não sabia nem que essa coisa existia, fico vermelha.

Você é extremamente infantil, Teresa Ciabatti, Maria me ridiculariza.

Sentada na carteira enquanto os outros se encontram nos corredores durante o recreio, eu fico me condenando: mamãe e papai, vocês venceram, fui excluída, estão felizes? Escrevo O MUNDO É MAU em meu diário e pinto de rosa. Vou ligar para o Telefone Azul,[10] fico tramando, quero o número do Telefone Azul. Imagino o telefonema: meu pai me mantém prisioneira... talvez não seja suficiente: meu pai me espanca. Me espanca todo dia, duas vezes por dia... ainda mais dramática: Telefone azul, socorro, meu pai me violentou. Me violentou na casa de praia.

Depois eu reflito: quem é que vai acreditar. Quem vai acreditar que o Professor — o bom, benfeitor, santo, que ajuda os pobres — espanca a filha? Seu pai te ama tanto, me dizem no hospital, ai de quem encostar na sua menina.

Uma menina que está jogando fora seus melhores anos.

Os treze anos não voltam mais. Você está me negando a vida dos treze anos, pai.

Por sua culpa eu sou de novo a excluída, exatamente como no primeiro dia da escola, aquele dia em que ninguém sabia quem eu era.

Minha temporada durou pouco, quanto tempo vive uma borboleta?

Lembro-me da saia, de quando eu coloquei uma saia pela primeira vez. Estava descendo as escadas e os meninos embaixo olhando minha calcinha. E o perfume. No banheiro, uso o perfume da Maria. Uma nuvem de perfume, uma... deixo um rastro atrás de mim, seguido por meninos, tantos meninos, e minha mãe que sente o cheiro no Fiorino? — o que é isso? — e me obriga a pedir desculpas aos professores.

---

10   ONG italiana de proteção à infância. [N. T.]

Professores, respeitabilíssimos professores, desculpem-me, eu errei. E os professores sorriem enternecidos por esta ingênua criança, esta anomalia em uma escola de vadias.

Quanto tempo vive uma borboleta?

6

Bem-vindos ao meu reino, anuncio no jardim de Pozzarello enquanto Maria, a última da fila, está passando por baixo da cerca. Trouxe meus amigos de Porto Ercole para ver a casa com piscina. Preciso que eles vejam que ela realmente existe, que saibam quem eu sou. Tudo o que tive de fazer foi escalar a parede da passagem secreta, aquela que só eu e Gianni conhecemos, e cá estou, iluminada por uma luz diferente, uma luz que vem de mim, do meu macacão de super-herói, se eu levantar os braços, alço voo. Sigam-me, digo a meus amigos, Maria e dois rapazes que nos trouxeram de moto. Terraço que não acaba, o jardim é imenso, escadas e mais jardim, metade mato e arbustos — Nino não está molhando as plantas? —, sigam-me pelos meandros do labirinto. Eles olham ao redor, nunca tinham visto um casarão como aquele, casa de rico, de riquíssimos como eu, Teresa Ciabatti.

Meu deus, Maria fica estática quando chega ao último nível, atrás dela Gino e Federico. Não posso acreditar... mas vai ter que acreditar, acreditem, esta piscina é minha. Essa piscina vazia, que papai enche só em junho, quando nos mudamos, pois tem o risco de algum desocupado — como diz papai — conseguir entrar, se dependesse dele colocava arame farpado, ou melhor: fios elétricos.

Mas é sua mesmo?, Maria pergunta.

Segunda parte

Fico irritada. Tá bem, não podemos entrar em casa, não estou com as chaves nem consegui descobrir onde meus pais as deixam, mas posso descrever a casa de olhos fechados, cômodo por cômodo, objetos, a cor da colcha do meu pai: azul-celeste. E os banheiros, tem onze banheiros.

Onze pessoas podem mijar ao mesmo tempo?, Gino pergunta.

E sem nem me virar, respirando o ar do meu jardim, que é diferente, assim como é diferente o pedaço de céu que fica acima e o trecho de mar que fica à frente, respondo que sim. Sim, pessoal, podem mijar todos ao mesmo tempo.

Imagino o que eles estão sentindo agora em relação a mim: admiração, amor. Ódio. E como não quero ser odiada, só amada — amem-me, pobres! — eu os deixo entrar no buraco da piscina, façam o que quiserem, corram. Sabe o que eles parecem aqui do alto, Maria girando e Federico agarrado ao trampolim com os pés pendurados no vazio? Olha os meus amigos, olha os meus amigos girando, pulando, meus hamsters maravilhosos.

Desce você também, Maria grita.

Não estou a fim.

Desce, insiste.

Tá bom, suspiro.

Não é maravilhoso?, Maria grita. Maravilhoso, grita. E de repente se cala. Meu deus, o eco. Essa piscina faz eco. Então, titubeante: o-oi, grita.

O oi fica gigante, e diminui de novo.

Ooooooi!, grita, mais segura.

Agora todos nós gritamos: Maremma podre fedida. Nossas vozes se sobrepõem. Porca, monstra, puta!

...orca... onstra... uta voltam.

Acima, o sol brilha opaco, escondido pelas nuvens. De repente uma brecha de luz, como se deus projetasse um raio em direção à piscina, exatamente onde estamos. Tão jovens e arrogantes. O instante perfeito de silêncio, o sentimento de perigo iminente, mas também de excitação por algo que está para explodir. Podemos nos beijar, transar, rolar no chão, e transar, e transar.

Maria se aproxima: me dá a mão. Eu fico parada, não estou pronta, não quero crescer, mudei de ideia. Tarde demais. Você sabia muito bem, Teresa Ciabatti, que vir aqui com os meninos te levaria ao sexo. Prepare-se para ver um pau pela primeira vez na vida. Porque você nunca viu um, as regras do Professor a esse respeito são muito claras. A última vez que você viu seu irmão pelado foi aos 5 anos de idade. E teu pai? Nunca. Você nunca viu o Professor pelado. Na tua casa sexo é tabu, pecado mortal, se fizerem não serão punidos por deus, mas pelo pai em pessoa.

Vem, Maria insiste.

Dou desculpas: e se alguém me vir, se Nino chegar.

Quem é Nino?

Ninguém.

Confia em mim? Maria me pega pela mão. Faço que sim com a cabeça, confio, enquanto você, papai, está cada vez mais distante, na prua do navio você vai desbotando, sua lembrança e também sua voz — Lili Marleen — também sua voz vigorosa que se torna eco remoto, Lili Marleen.

Maria me faz apoiar as costas na parede da piscina. Alguém vai me beijar.

Fecha os olhos, diz.

Não posso ficar de olhos abertos?

Vejo que os meninos estão se mexendo, alguém vai tirar minha calcinha, alguém ou todos juntos.

Não abra os olhos, Maria arma algo. Vem e monta em mim. Fica parada, diz.

Eu não me mexo.

Segunda parte   127

Suas mãos no meu pescoço. Segura minha orelha. Sinto algo duro empurrando, o que está fazendo?

Fica de olhos fechados.

Tirem minha roupa, comam-me, quero ficar grande. E aí uma dor, uma dor fortíssima. Que merda você está fazendo, arregalo os olhos.

Você está linda, ela sorri.

Na mão um alfinete e uma rolha de cortiça. Maria só furou minha orelha. Meu deus. Meus pais vão me matar, digo, e coloco a mão no furo. Tem sangue, sussurro.

Duas gotas, ela minimiza. Agora o lado esquerdo.

Não, chega, e me levanto.

Estou fazendo por você, ela também se levanta, oito centímetros mais alta que eu, me olha do alto.

Você não entende nada, diz. Digam vocês para ela, fala com os meninos. Eles fazem que sim com a cabeça. Me seguram. Não era para ser assim, não era para ser isso. Me imobilizam. Me seguram e não me fodem. Rolha de cortiça atrás da orelha, alfinete. Maria reclama que tenho orelhas pequenas.

E a dor. A agulha não passa, pequena demais, ela repete, que orelha é essa? Eu abandono a luta, não forço mais, enquanto você desbota, papai, a canção fica longe, um sussurro, Lili Marleen cada vez mais longe.

Quando acordo, o céu está ficando branco, o sol se pôs. Como se nunca tivesse saído.

O que aconteceu? Mexo as pernas. Levanto: estou na piscina vazia. E mais ninguém. Começo a lembrar. Maria, os meninos, o furo...

Maria, chamo baixinho.

Silêncio.

Maria, tento de novo.

A mais amada

Eles me abandonaram. Socorro. Toco minhas orelhas, a esquerda está molhada, sangue nos dedos, não só duas gotas, sangue, muito sangue, estou morrendo, venham me salvar, por favor, choro, não chamo mais a Maria, digo mamãe. Papai. Cada vez mais devagar, quase um suspiro: mamãe, papai.

Não consigo me mexer, não sinto mais a cabeça e os braços. Vão encontrar meu cadáver.

Daqui a pouco vai escurecer, vai anoitecer e eu vou morrer. Vou morrer. Papai, juro que não faço mais isso, serei para sempre a filha obediente, por favor.

Naquele momento, ou talvez um pouco depois, no ápice do meu arrependimento, na borda da piscina aparece uma galinha. Primeiro, a cabecinha, depois o resto do corpo. Uma galinha branca. Bico amarelo, crista vermelha. Talvez eu já esteja morta e na ascensão da alma esteja vendo animais. Coelho, urso, veado...

Pisco os olhos, a galinha continua pairando sobre mim. A galinha branca que dobra o pescoço e me olha. Tem olhos enormes.

Salve-me, eu digo.

No raio de quilômetros, só nos duas, eu e a galinha.

Segunda parte

7

Não me toquem, grito. Dois enfermeiros seguram meus braços. Me soltem, esperneio. Brama segura meus pés. No leito do pronto-socorro, com uma luz ofuscante apontada para mim, fico me contorcendo. E aperto a mão de minha mãe, a esmago, faça algo, grite que parem com essa violência. Ela morde os lábios, não diz nada, contestar significa ficar contra papai. Foi ele que ordenou que me dessem pontos. Dois pontos sem anestesia. Dois pontos nas orelhas, quando um curativo teria sido suficiente: ele quis que eu sentisse dor, que a lembrança dessa dor fosse um aviso para o futuro. Por favor, uma voz estrídula sai de minha garganta e implora, não me façam mal.

Depois dos pontos não me deixam voltar para casa, isso também faz parte da punição. Transportam-me em uma maca. Pergunto aonde estamos indo, os dois enfermeiros não respondem, seguindo as instruções do Professor. Empurram-me mudos, pronto-socorro, elevador, aonde estão me levando. Primeiro andar, corredor, poderiam me levar a qualquer lugar. Rostos desconhecidos me olham de cima, até hoje era eu o mundo vertical que olha para baixo, era eu a menininha horrorizada que vira o rosto para o outro lado — oh, papai, não quero ver —, fecha os olhos e sussurra:

A mais amada

quero um tutu. Podem me levar a qualquer lugar, sala de cirurgia, casa mortuária.

Levam-me para um quarto individual. Tentam me ajeitar no leito, consigo sozinha, protesto, enquanto eles me movem como se eu fosse uma boneca. Mamãe aparece, finalmente a mamãe, e os enfermeiros saem. Mamãe, murmuro.

Ela fica séria, você fez uma coisa gravíssima, diz.

Mamãe, tento de novo.

Ela senta-se ao meu lado.

Estou com medo, choro.

Vejo que está com vontade de me abraçar, mas ela se segura. Instruções do Professor. Minha mãe tornou-se exatamente o que ele queria que ela fosse. Só agora me dou conta do quanto ela mudou, que fim levaram os vestidos coloridos, os sapatos de salto, que fim levou o Fiorino (recém-trocado por um Panda vermelho), onde está a mamãe extrovertida, alegre. No seu lugar uma mulher cinza. Uma mulher que em meu leito de morte — para mim estou morrendo, ok? — consegue apenas murmurar: não fosse por aquela galinha.

Que galinha?

A galinha que deram de presente ao papai — por um instante ela se reanima, um brevíssimo instante — uma pobre galinha que Nino não teve coragem de... E seu pai, o que seu pai faz? Fica bravo com ele — balança a cabeça — pois deveria ter pedido permissão... uma galinha, minha mãe continua, comovida, que mal tem, continua cada vez mais emocionada, juntando mentalmente os seres indefesos, animais, filhotes, crianças, todos os seres indefesos que somos nós, sob a tirania de meu pai. Agora aperta minha mão com força, e repete, uma pequena galinha, mas está falando de mim, sua filha.

Desde que cheguei ao hospital não vi o papai. Está muito bravo?, pergunto.

Você sabe como ele é, mamãe suspira.

Segunda parte

Ele venceu. Não fica claro se ela o apoia em nome da família, temos que permanecer unidos, ou por reconhecer o próprio fracasso, não era esta a vida que sonhava ter.

Um enfermeiro entra e diz doutora, o Professor a está procurando. Ela se levanta, embora se vire antes de sair, como se fosse voltar até mim, me abraçar e dizer não tenha medo, meu amor. Minha mãe diante daquela porta poderia voltar atrás, para a mulher que era, a médica, a hippie. Sabe o que aquela mulher faria agora? Iria a Pozzarello, colocaria a galinha no carro, a levaria para casa e, olhando meu pai nos olhos, diria: ela fica conosco.

No entanto, a mulher que ela se tornou sai do quarto e fecha a porta.

Eu me viro para o outro lado, me encolho. Na minha memória, adormeço, na minha memória, tudo é consequencial: ambulância, hospital, pontos, quarto, sonho. Na realidade talvez eu não tenha adormecido, talvez só à noite, em casa, ou muitas noites depois.

Estou de novo na piscina vazia. Na borda, a galinha branca, ela de novo. Bico amarelo, crista vermelha, ela me olha novamente e dobra o pescocinho para o lado. Olhos enormes, gigantes.

Desta vez eu me levanto, uso todas as minhas forças, verifico se minhas orelhas estão intactas, estão. Subo a escadinha. Galinha franguinha, eu a sigo tentando não assustá-la, na ponta dos pés, galinha fofinha, na borda, ela caminha mancando, galinha fontainha, ela caminha devagar como se estivesse dançando, agora eu a pego e a levo para o papai que me agradece, pois sei que ele não quer o bicho em casa, está furioso por culpa da galinha, mas agora eu a apanho, eu a apanho para você, papai, galinha campainha, ela parou, estico as mãos, isso, muito bem... mas ela se joga no skimmer, que é grande como um poço. Eu não desanimo, preciso entregar o bicho a meu pai, ele vai me agradecer. Eu também me jogo no skimmer. Caímos, mergulhamos. Não tem fim, não vejo nada lá embaixo, não tem fundo. Continuamos caindo, a galinha primeiro. De repente, aterrissamos. Pancada, primeiro a dela, depois a minha. Onde estamos? Olho ao redor, o bunker é a reprodução perfeita do meu quarto, olha lá a cabeça de manequim, fico em pé, upala-lá, olha a boneca, e a galinha em cima da cama, onde caiu. Agora eu a pego, me aproximo, franguinha. Desta vez ela me deixa tocá-la, galinha garoinha.

Só agora me dou conta da poça. Embaixo dela está se formando uma poça de sangue. Fico nervosa, a coloco em meus braços, oh galinha, tento tamponar a ferida com as mãos, que ficam cheias de sangue, eu não a solto, não largo essa pequena criatura, tão pequena e branca, não morra, falo baixinho, e a aperto com força em meu peito, este ser minúsculo, vocês não sabem o quão especial e frágil ela é, tão frágil, galinhazinha adorada, não me deixe sozinha, por favor.

Acordo, me reviro na cama, tiro o travesseiro, estou com calor, descubro as pernas, fico com frio, na janela vejo que o céu de Orbetello está preto. Não sei por quanto tempo me deixam naquele quarto. Horas, talvez.

A certa altura mamãe volta e me diz que vamos para casa. Fico em pé num sobressalto, me reanimo, juro que nunca mais farei isto, juro que a partir de hoje serei uma menina séria, afirmo enquanto coloco os sapatos. Diga ao papai também... fale você com ele. Ela diz que não com a cabeça. O medo aumenta, desta vez não vai me perdoar, desta vez vai acontecer algo ruim, ele vai me fazer mal... escuta, enquanto saímos eu proponho, o tio Umberto não poderia falar com ele? Melhor: será que não posso ficar em Grosseto

Segunda parte

um tempo? Vinte dias em Grosseto... quantos verões já não me depositaram na casa deles em Marina di Grosseto, fui depositada como um pacote, reivindico, transformando momentos alegres em trauma. Quando tinha dois, três, quatro anos, eu era só uma criança... por que não agora? E daí que tem a escola? Não venham me dizer que não dá para arrumar um atestado falso! Fico entusiasmada, depois de vinte dias eu volto, e vou cruzando com médicos e enfermeiros — Teresinha, como está se sentindo? Você nos deixou preocupados — me deixa ir para Grosseto, mamãe, vou insistindo ao aparecer no átrio, onde Nino vem me abraçar — quanta preocupação você nos deu, Teresa.

É ali, nos braços de Nino, por cima de seus ombros, que vejo abrir a porta de sua sala. Nino me solta, na presença do Professor ninguém me toca. E fico sozinha ali no meio, mamãe um pouco atrás, estou pequena e sozinha para enfrentá-lo.

Um de frente para o outro, você me encarando, mas eu não desvio o olhar. Não, papai, desta vez não. Não vou correr até você e implorar perdão. Não vou chorar, não vou soluçar.

Continuo parada onde estou. O espaço que nos separa é a nossa piscina, os mergulhos, eu nadando em seus braços, você me colocando nos ombros. O espaço que nos separa é o passeio no barco de pesca, o que fizemos da última vez... ilha de Giglio, ou talvez Giannutri. Já estamos voltando, o céu alaranjado, cansados, cabelos de maresia. Que dia! Pesca ilegal, mergulho na reserva natural — ao Professor tudo é concedido —, peixes frescos feitos na hora, e vinho, e mergulhos. O passeio do hospital. Todo ano o Professor aluga um barco de pesca para alguns médicos e enfermeiros selecionados, com suas respectivas famílias. Burburinho: quem ele vai escolher este ano? Quem foram os mais merecedores? Um dia que o Professor dá de presente à sua equipe. E, claro, à sua

A mais amada

família, antes e acima de tudo à sua amada menina que agora está na prua olhando o porto no horizonte. De maiô rosa com moranguinhos vermelhos. Lamenta que a viagem tenha terminado, gostou de mergulhar com as outras crianças, foi a última, demorou no parapeito fingindo medo, quando não tem medo de nada. E na água também, na esperança de nadar com golfinhos, apenas ela, os outros distantes. Coloca as pernas junto ao peito, apoia o queixo sobre os joelhos. Cabelo esvoaçante sobre os olhos. É impossível não a amar agora, quem quer que a esteja vendo. Neste exato momento, começando a ventar, as crianças com toalhas nas costas. Neste exato momento, com a luz de fim do dia e com esta bela criatura na prua, uma voz pede: Professor, canta para a gente.

O Professor canta bem, pouca gente sabe.

Isso mesmo! Outros também pedem.

Não sejam bobos, ele se esquiva.

Não é por timidez, é que este ano veio Umberto Veronesi[11] (na minha memória é Umberto Veronesi mesmo, ou talvez não), convidado especial, além de amigo pessoal do Professor. Resumindo, não quer dar uma de palhaço na frente de Umberto. Pro-fes-so-or Pro-fes-so-or Pro-fes-so-or. Vá lá, ele se retrai novamente. Pro-fes-so-or Pro-fes-so-or Pro--fes-so-or, a equipe insiste.

Ele balança a cabeça.

Pro-fes-so-or Pro-fes-so-or Pro-fes-so-or. Os desgraçados continuam. Vamos lá! O mundo clama. Um mundo curvado, tão necessitado de uma palavra sua, ou de um pequeno gesto seu, um mundo de súditos que te reconhecem

---

11 Médico oncologista, pesquisador e autor de diversas obras, ficou conhecido por aproximar o público a temas acadêmicos. Foi dirigente de instituições importantes e fundador da Fondazione Umberto Veronesi, que fomenta pesquisas científicas. [N. T.]

Segunda parte

como soberano. Venha a nós o vosso reino, papai. Venha a nós o vosso reino, onde serei princesa.

Então ele lança um meio sorriso ao amigo Veronesi, quase se desculpando: é gente simples... Então, de calção azul e barriga proeminente, ele entoa: ... *vor der Kaserne vor dem großen Tor stand eine Laterne...* e enquanto todos fazem um silêncio espectral, enfeitiçados, um silêncio que de repente envolve o barco de pesca, o mar, todo o Argentario — onde parece que a própria natureza se calou, os peixes embaixo d'água, as gaivotas no céu, as raposas nos bosques, e o vento, todos os seres vivos se aquietam para escutar o rei — eu me entristeço. A esplêndida criatura que sou, aquela que há um instante todos olhavam com amor, levanta-se e vai até a popa. *Stand eine Laterne, und steht sie noch davor...* Vou abrindo caminho entre as pessoas, dá licença... *So woll'n wir uns da wiedersehn...* Eu disse para me dar licença. Dou empurrões, por que ele está fazendo isso comigo, por que está dando aos outros a nossa canção, a canção que cantava para mim quando eu era pequena, enquanto a mamãe dizia: ah, Renzo, só o som da tua voz a faz pegar no sono... *Bei der Laterne woll'n wir stehn.*

Então chego até você, ultrapasso a invisível fronteira, estou aqui diante de ti, canta para mim, *addio piccina dolce amor*, canta só para mim, papai, *wie einst Lili Marleen...*

Fim. O Argentario acorda novamente, o vento volta a soprar, vemos peixes saltitantes na superfície da água. A equipe aplaude, salvas de palmas, que voz, que bela voz tem o Professor!

Abraço sua perna e fico olhando a multidão como se eu fosse uma ramificação sua, perna braço mão, olho vocês que aplaudem, obrigado obrigada, e me agarro mais ainda: este homem extraordinário, excelente cirurgião, cantor prodigioso, sou eu.

8

Um jacaré na piscina. Sob o sol de junho, neste silêncio, só o canto das cigarras e o barulhinho ritmado do jacaré — vai lá pegar esse negócio — que, por causa vento, fica dando batidinhas regulares no skimmer. Vai lá pegar esse negócio, deus do céu!

Veio da América, presente do amigo americano do papai, aquele que todo verão aparece com um cesto de xampus Johnson & Johnson,★ esse ano cesto mais jacaré.

Um jacaré verde que ninguém mais tem, quem poderia saber que poucos anos depois invadiria as praias e piscinas de qualquer um. Mas por ora, enquanto ter piscina em casa ainda é privilégio de poucos, enquanto ainda é raro ver retângulos azuis do avião, sorte a deles, os ricos, por ora só tem jacaré aqui na nossa piscina. Vai e vem, o barulho fica alto demais, será que após o acidente minha audição ficou mais sensível? Você quer tapar meus ouvidos para não ouvi-lo, para não ouvir a voz que continua mandando eu ir pegar aquele treco, afinal é meu, não é?

Por fim levanto-me da cadeira de sol. Que luz forte, luz demais, se eu pudesse — caminho evitando as pedrinhas — se tivesse um jeito — vou saltando as placas — escureceria o sol que reflete em tudo, até no esmalte azul em meus pés bronzeados.

Assim que eu me inclino, uma mão me empurra: levada pela roupa, afundo na água. Fecho os olhos e vou afundando, sem criar resistência. Poderia morrer? Perdão, mamãe, perdão, papai, não queria... foi a Maria, tudo culpa dela. Quero me afogar. Assim vocês vão chorar por mim, vão chorar por sua menina adorada, a filha tão pequena — vou afundando cada vez mais — jovem demais, com toda a vida pela frente! Viagens, vestidos, amores. Reanimo-me, oh, sim — promessas, esperanças, amores — tenho tanto, tanto a realizar! E começo a subir batendo as pernas com força, faço um reboque porque já me decidi, quero viver. Lanço a cabeça para fora e não, não há sangue, mamãe e papai não estão bravos, mamãe ri e diz você está parecendo um coelho. Os curativos pendurados no meu pescoço.

Tiro os curativos e começo a nadar.

Cabeça embaixo d'água, meu anjo. Volto à superfície, e de novo embaixo d'água: vertical, giro. Voltinha, borboleta, costas, dou várias e várias cambalhotas, meu deus eu faço muitas cambalhotas.

O sol deixa a água prateada e as cores ao redor muito acesas, quase o instante perfeito do verão. E da juventude. O momento que não voltará nunca mais.

Gianni também se joga. Então eu digo: papai.

Primeiro, baixinho. Depois, alto: papai. Mais alto: papai.

Tudo está perdoado. Assim é o verão. Na minha memória, é agora que a voz chega.

Professor. Vem de cima. Professor. Mais de perto.

Nos viramos. Um homem está descendo as escadas do jardim, um desconhecido. Com uma pistola.

Professor, ele diz, pistola apontada para o papai, o senhor vem comigo.

Papai se levanta, toca o braço da mamãe, diz algo a ela. E se aproxima do homem. Viram as costas e sobem as escadas do jardim. O homem segura a pistola firme nas costas de meu pai.

Poderia disparar, poderia matá-lo. Papai, digo dentro de mim, não consigo falar, queria gritar, pará-los, mas não consigo, fico imóvel. Mamãe também, e Gianni também. Paralisados por longos minutos, mesmo depois de os dois terem sumido de nossa vista, mesmo quando ouvimos o motor do carro se distanciando, foram embora, o homem levou papai embora. E nós não conseguimos fazer nada, nem olhar um para o outro.

Não sei quanto tempo passa até que eu digo muito lentamente mamãe, e Gianni sai da água, e ele também diz mamãe.

Eu fico boiando sem força nenhuma, até que mamãe ordena: saiam da água. Ela diz saiam mesmo com Gianni já diante dela, ensopado. Saiam agora, diz minha mãe.

★ Philip B. Hofmann, presidente da Johnson & Johnson, empresa produtora de medicamentos pré-fabricados (de gazes antissépticas, band-aids, a cremes para recém-nascidos), presta homenagem ao Professor anualmente em nome da profunda amizade que ligava Lorenzo Ciabatti a Robert Wood Johnson II, presidente e proprietário da J&J falecido em 1968. Robert Wood Johnson II, autor do princípio que ainda hoje é referência para a gestão da empresa, além de ser filho de Robert Wood Johnson I, fundador da J&J, foi amigo pessoal de Lorenzo Ciabatti.

Segunda parte

TERCEIRA PARTE

A pária
Francesca Fabiani

1

Quero saber quem é meu marido, mamãe diz ao homem de terno e gravata do outro lado da mesa. Está se sentindo uma idiota, uma idiota completa, baixa os olhos, não contará a ninguém que foi atrás de um detetive, será o seu segredo, Francesca Fabiani (1939-2012) promete a si mesma. Afinal, desde que se casou com Lorenzo Ciabatti houve um grande acúmulo de segredos, os quais agora ela quer descobrir. O sequestro, por exemplo. Em pensamento ela sempre volta àquele dia na piscina e revê o desconhecido descendo as escadas. De dia e de noite, nas lembranças e nos sonhos, meu pai coloca a mão em seu braço e lhe diz para não chamar ninguém, ele voltará logo.

Quantas vezes esta cena não se repetiu na cabeça de minha mãe, com finais diferentes: papai foge, papai diz que é uma brincadeira, papai vai com aquele homem e não volta mais, o homem dispara, papai morre. Ficamos órfãos.

Ela juntou os pedaços, refletiu sobre os detalhes — tom de voz do homem, reação de Renzo, como foi? Assustado, chocado ou nem um pouco surpreso? Mil vezes minha mãe reviveu os segundos sucessivos ao evento, os colocou em câmera lenta, para trás e de novo para a frente. Analisou o depois, como se comportou, talvez tenha errado, deveria ter fugido, era a hora certa.

Terceira parte

Depois que papai e o homem vão, depois que escuta o motor do carro se distanciando, ela corre para dentro de casa. Está em pânico, mas não quer nos assustar. Vai até o telefone da cozinha. Papai disse para não chamar ninguém, por quê? Umberto, ela vai ligar primeiro para o Umberto, folheia a agenda, as mãos tremendo, C, Ciabatti, Umberto Ciabatti. Levanta o gancho, disca o número. Silêncio. Bota o gancho no lugar, levanta, nenhum sinal. Abaixa e levanta, abaixa e levanta. Telefone cortado. *Eles* sabiam que ela tentaria. Tinham previsto. Mamãe está com medo, cada vez mais medo, se estivesse sozinha seria diferente, mas está com a gente e precisa nos salvar. Volta para a piscina, nos diz para sair da água e ir lá para baixo, rápido.

Lá para baixo onde?

Só tinha visto o bunker de fora. Imaginava ratos, cobras e escorpiões lá dentro, ficava parada na entrada, enfiava a cabeça, papai vai logo, dizia a meu pai que sumia no escuro para pegar algo, ouvia seus movimentos, ou talvez fossem cobras e escorpiões. Papai, eu chamando de novo. Que foi? Vindo do escuro. Você está aí?

Para conseguir dormir de noite, eu precisava esquecer que lá embaixo tinha aquele lugar vazio. Se me lembrava, enxergava figuras animadas, figuras de homens escondidos, homens que nos espiavam da claraboia e que mais cedo ou mais tarde subiriam para nos pegar.

No fim aconteceu mesmo, meus medos ganharam forma: o desconhecido com a pistola. A única diferença: ele não chegou vindo de baixo, mas de cima. Sonho com coisas que acontecem. Sonhei com meu pai e minha mãe morrendo. Sonhava com isso desde criança, que morreriam cedo. Vocês morreram.

A mais amada

Hoje, aos 44 anos, sonho com o que já aconteceu: quando achei barras de ouro na gaveta do papai — que maravilha! — e construí o castelo da Barbie com elas, meu pai me levando para a casa de Licio Gelli, aqui eu consigo voar! Sonho com minha mãe nos arrastando pelos degraus do jardim, abrindo a porta escondida embaixo da trepadeira, e nos empurrando lá dentro. Temos treze anos, meu pai acabou de ser raptado e nós estamos no bunker.

Mamãe, murmuro enquanto ela fecha a porta atrás de si, tranca o cadeado e puxa a barra de ferro. Mamãe, repito.

Segurando em nossos pulsos, eu de um lado e Gianni do outro, ela nos guia pelo corredor, quinze metros, o comprimento da piscina.

No final, costas nas paredes, sentamos no chão. Mamãe no meio. Eu apoio a cabeça em seu ombro, Gianni se aninha em seu colo.

La fora ainda é dia, o sol atravessa a água e se transforma em uma luz azulzinha, a única luz que nos ilumina, como a de um televisor.

O bunker não tem janelas, exceto pelas três claraboias com vista para a água. Nós estamos embaixo d'água, submarinos ou náufragos. Choramingo: e agora, mamãe?

Vista de perto, mamãe parece bem jovem. Pele lisa, nem uma única ruga. Mais de longe, pouco a pouco vão aparecendo bolsas embaixo dos olhos, a pele do pescoço começa a ficar flácida, compõem-se os traços de uma mulher de meia-idade. Mas agora só nós dois temos a possibilidade de vê-la assim, bochecha com bochecha, nariz colado no pescoço, e nos esfregamos nela, cheiro de mãe. Não sei quantos viram minha mãe tão de perto, quantos a viram menina, repentinamente menina de novo quando ela abre bem os olhos. Durante um tempo, meu pai. Alguns anos atrás, um tal de

Michelangelo. Um alcoólatra, como papai e seus amigos o definem. Um alcoólatra por quem mamãe sente compaixão: coitado do Michelangelo, vocês não entendem... Não posso afirmar com certeza de que naquele Natal em Kitzbühel, quando ela desapareceu por uma tarde inteira, tenha acontecido uma traição. Só sei que ela reapareceu antes do jantar, depois de todos a terem procurado no hotel e fora, onde está Francesca. Ela se materializa à noite como se nada tivesse acontecido. Ajudei Michelangelo a fazer um boneco de neve. E meu pai: um boneco de neve? Suas únicas palavras. É isso, não tenho certeza se naquela tarde ela o traiu, ou se foi apenas uma mise-en-scène para humilhar papai diante dos amigos, Professor chifrudo. O que quer que tenha sido, foi uma afronta. Uma afronta pública, pior que uma verdadeira traição.

Portanto, se viemos parar aqui no bunker, ela tem sua parcela de culpa.

Inútil que se faça de inocente, a santa mãe que arruma nossas cabecinhas em seu ventre: tentem dormir, fechem os olhos. Porque se estamos aqui embaixo a culpa também é dela, fechamos e abrimos os olhos, ela desobedeceu, fechamos e abrimos os olhos, hipnotizados pela luzinha azul da claraboia, devia ter se comportado melhor, fechamos e abrimos os olhos, nossas cabeças se encostam apoiadas em sua barriga. É culpa sua, a culpa é toda sua, mamãe, culpa sua também, eu penso. E fecho os olhos.

Pelas claraboias vemos o entardecer. Depois, a noite. A piscina, um poço negro, e nós, enterrados vivos, qual é a sensação de ser enterrado vivo.

Meu bumbum dói. Estou com muito frio, digo. Eu também, Gianni acompanha. Mamãe tira a *chemise*, no verão só usa camisas parecidas com as das garçonetes, tira a *chemise* e a coloca em cima de nós, depois nos abraça forte. Família, somos uma família sem pai, será que ele não volta mais, será?, penso, aliviada. De repente, livre, como se alguém tivesse me tirado uma mordaça da boca, agora respira, Teresa, respira... mas em seguida vejo meu pai curvado de dor, o homem armado deve ter dado um chute nele, bem feito: um pai deve pensar nos filhos, primeiro nos filhos, só depois no resto, mas não o meu pai. Agora eu o imagino deitado no chão, quase morto, e aquele homem continua batendo nele, não para... por favor, pare, eu queria gritar, já chega, é meu pai. É assim o coração pulsante da nossa família, um buraco negro onde crescem ressentimento e amor de todos por todos, mesmo após a morte. Qual é a sensação de ser enterrado vivo, eu não sei, fecho os olhos com força.

Algo está se movendo dentro d'água, uma coisa pequena... um peixe, dou um sobressalto e fico em pé. Jogaram um peixe na piscina, tem alguém lá em cima, se a gente gritar vão ouvir, socorro, socorro, a mão no vidro, quase dá para pegar o peixe, é como um aquário, como ver a própria vida de fora, agora estou me vendo na água, as bochechas cheias segurando a respiração, os cabelos feito algas, o maiô rosa de morangos, o peixe amarelo vai caindo lentamente, e descansa no fundo. É uma folha. Qual é a sensação de ser enterrado vivo.

Não saberia dizer quanto tempo passa desde a folha, desde quando volto a me sentar ao lado de mamãe, até quando escuto barulhos lá fora. Poucos minutos, talvez horas. Sentimos vozes, chegaram. Mamãe nos aperta. Uma voz chama doutora. E golpes. Golpes fortíssimos. Escondo a

Terceira parte   147

cabeça no ombro da mamãe, não quero ver. Golpes e mais golpes, doutora, vocês estão aí dentro? Ela não responde. Ficamos em silêncio, grudados, somos uma única pessoa: mãe, filho, adulto, menino. Chegaram.

Quando a porta se abre vemos apenas silhuetas sem fundo nenhum — bons ou maus? — permanecemos imóveis — vão nos salvar ou nos matar? — até quando a voz nos diz: doutora, sou eu, Marrucci.

Marrucci, Brama, Migliorino avançam em nossa direção e, conforme nossos olhos se acostumam à luz, seus traços tomam forma, Nino, Martinozzi, Temperini. São eles, Salvini, Barozzi, Bertocchi, chegaram.

Perguntam se estamos bem, Brama manda Migliorino ir pegar toalhas, precisamos cobri-los, estão tremendo. Só agora percebo que estamos nus. Nós de roupa de piscina, mamãe de calcinha e braços cruzados cobrindo os seios, está sem sutiã.

Alguém me estende a mão, eu a seguro, agarro, não sei quem é, Brama, Nino ou Martinozzi. Levanto-me, as pernas formigando. Gianni também se levanta. Mas mamãe fica no chão, olhos baixos. Doutora, Marrucci repete, recolhendo a roupa do chão e entregando a ela. Ela pega a roupa, a coloca pela cabeça, levanta-se e deixa-se levar, peso morto nos braços do ginecologista.

Está morto?, pergunta, sussurrando.

Chegam as toalhas cor-de-rosa. Alguém nos embrulha como recém-nascidos e nos guia pelas escadas do jardim acima. Só lá do alto me viro: aquela figurinha recurva na porta do bunker poderia ser eu, meu irmão, toda a juventude, mas é minha mãe. Então vá, filha, largue a toalha, tente evitar as pedrinhas e vá, desça as escadas e salte o mais alto que puder, filha, salte e vá ao encontro de sua mãe.

A mais amada

No começo, depois que ele volta, como no fim de um dia qualquer de trabalho, ela o abraça aos prantos, meu amor — há quanto tempo não o chamava de amor?

Ele lhe dá um tapinha no rosto, vá lá.

Quem era aquele, o que queria?, ela pergunta. Te fizeram mal, Renzo, me conta.

Um viciado daquele bairro, Albinia.

No começo. Nos dias que seguem vêm as dúvidas — um viciado armado? Meu pai minimiza, todo mundo tem arma. Nos dias que seguem cresce a raiva: minha mãe ameaça ir à polícia. Meu pai dá de ombros, vão rir nas tuas costas, eles também conhecem aquele viciado. Só que minha mãe conhece todo mundo nas redondezas, pelo menos de vista. Aquele grandalhão, não. Aquele grandalhão que apareceu em casa apontando a arma para ela, para nós, para o papai, aquele desconhecido que ordenou que papai o acompanhasse.

Enfim, o desconforto: não é uma vida normal — ela chora — não é normal que alguém chegue armado e te leve embora.

Depois de tudo isto, Francesca Fabiani diz que já chega.

Depois de anos se tornando cada vez mais sem cor, esforçando-se em ser a mulher que o marido queria, fechando os olhos, fingindo não ver nada, ignorando o falatório da cidade, repetindo para si mesma: meu marido é um homem bom, uma pessoa decente, isso mesmo, depois de anos de paciência que na verdade era mais esperança, ela explode. A ruptura pode parecer repentina. Mas na verdade, o dia em que ela comunica a decisão a meu pai, aquele dia em que Francesca Fabiani se mostra tão firme, olhos secos — quando se esperariam lágrimas — ela finalmente está reagindo. Não é mais vítima, torna-se heroína (mulher normal nunca, ou vítima ou heroína, minha mãe não consegue se imaginar de outra forma), poderia dizer estou fazendo por eles, estou me sacrificando pelos filhos. Não quer que cresçamos no meio desta nojeira. Não lhe importa mais saber aonde papai vai quando desaparece, se vai ver uma amante, amigos secretos, faça o que quiser, mas sem nós por perto. Nós vamos morar em Roma. Via dei Monti Parioli, 49a. Por sorte tem a casa da vovó. Não te dou um centavo, papai ameaça. E mamãe: não importa.

Somente um momento de hesitação, um único momento.

Fechados na cozinha, papai repete: vocês não vão conseguir se manter sem dinheiro. E ela: você não pode nos impedir.

Então ele irrompe em lágrimas, eis o único instante em que minha mãe hesita. O Professor irrompe em lágrimas. Sai da cozinha e passa por nós. Está chorando?, Gianni pergunta baixinho. Está chorando.

Em treze anos de vida nunca havíamos visto nosso pai chorar. A mamãe mil vezes, mamãe chora à toa. Na nossa cabeça os pais não choram.

É difícil reorganizar categorias, redefinir papéis, estabelecer exceções e, sobretudo, compreender o que nós devemos fazer, qual é nossa tarefa como filhos adolescentes e perdidos. Somos convidados a ver além, para além da juventude, e de lá tentar compreender. Você tem que fazer isto, filha: compreender que mamãe e papai são seres infinitamente pequenos. Você tem que dar um salto em direção ao futuro, onde você terá que ser a mulher que se senta ao lado do pai, segura sua mão e o tranquiliza: não se preocupe.

Mas o que fazemos é correr atrás do papai escadaria acima, no corredor, até chegar a seu quarto.

Ele senta-se na cama, enxuga os olhos — dentro do Professor ainda vive aquele menino rechonchudo de Marina di Grosseto, aquele da foto, está vendo, mamãe? — e diz: ela quer nos separar.

A mais amada

Eu balbucio não, não pode ser. Gianni otimista: vamos todos morar em Roma!

Papai balança a cabeça e engole (detém algo que sobe do seu estômago, o bloqueia na garganta, se não fosse ele, se fosse outro homem, uma mulher ou uma criança, eu diria que era um soluço, meu pai está sufocando um soluço).

Somos uma família, digo, repentinamente mulher, consegui dar meu salto no futuro. Sim, papai, Giovani o tranquiliza, também ele adulto. Todos juntos, eu digo, desta vez já menos segura. Vamos estar juntos, não vamos? Desabo, menina de novo. Por quantos segundos eu fiquei grande, papai?

E sem olhar para nós, papai diz: ela é má.

2

Eu me chamo Francesca Fabiani e quero saber quem é meu marido.

Não dirá a ninguém que procurou um detetive particular, aquele da propaganda — TOM PONZI, AGÊNCIA DE INVESTIGAÇÃO DESDE 1943 — vai guardar segredo, jura a si mesma. Porém, no fim, confidencia-se com Fiorella, que suspira: ah, Francesca, para quê fazer isso.

Há coisas que você não sabe, minha mãe responde.

Ela e Fiorella perderam contato por seis anos, e naqueles seis anos tanta coisa mudou, complicado explicar agora, há fatos, e não apenas fatos, sinas aparentemente insignificantes que, de verdade, seria difícil contar tudo agora, nem faria muito sentido, o que importa é que estamos aqui hoje e que nos reencontramos. Sim, e por que perderam contato?

Depois que nós nascemos, minha mãe e Fiorella passaram a se falar menos. E um belo dia, não mais. Fiorella telefonava, não chamavam minha mãe, Francesca está dormindo, diziam. Mamãe não retornava. Era o ano da terapia do sono.

Ninguém forçou minha mãe a se submeter à terapia do sono, ninguém lhe disse: vai ter que fazer, se não. Foi ela — em pleno gozo de suas faculdades mentais — que decidiu ser colocada para dormir. Parecia a solução certa, ela dirá, anos depois.

Minha mãe abandona o trabalho e se vê sendo mãe, nada mais. Levar para a escola, ir buscar. Eu, na dança. Gianni, no tênis, e para pescar, às 5 da manhã, quando meu irmão se apaixona por pesca. Dedica-se a organizar viagens: vamos para Londres, Paris, Viena, Los Angeles. Parece feliz, todo dia inventa algo para nos divertir.

Contudo, enquanto nós gritamos e pulamos em cima dela e a beijamos, algo dentro dela se apaga. Ri pouco, tem saudades de Roma, emagrece.

Lembro-me do momento exato em que entendi que mamãe era magérrima. Fechados para fora da casa em Pozzarello, alguém teria que passar entre as grades do portão para pegar as chaves do cadeado embaixo do vaso. Gianni deve passar, é tão fininho, mas ele fica entalado, o que faremos agora. Mamãe tenta, fica de perfil, é ela quem passa nas grades por onde um menino de seis anos não conseguiu passar.

Não usa mais saias, nem vestidos. Só calça e camisa. Seu guarda-roupa torna-se um depósito do passado, refugio-me nele olhando as mães reluzentes penduradas em cabides. As mães que não são mais a minha.

Um verdadeiro diagnóstico de depressão nunca houve. Papai diz, ela diz: talvez eu esteja um pouco deprimida. Após anos de estudo e de hospital, sente falta do trabalho. Sinto-me inútil, diz. Fechada no quarto, chora. Depressão, papai repete.

Um dia ela sofre uma queda. Perde o equilíbrio e cai, não foi nada, diz enquanto a socorremos, e se levanta. Depressão, papai insiste.

Após consultas com especialistas em Grosseto e também em Roma, papai fica sabendo de um novo método decisivo: a terapia do sono, usada para a cura de vícios — álcool, drogas — mas também em casos de depressão grave. Mamãe está incerta, ela não tem uma depressão grave, é mais uma reação fisiológica ao abandono do trabalho, um instante de confusão. Aliás: sente que consegue sair desta sozinha, graças a nós. Papai balança a cabeça. Não consegue.

Passam os meses e ela continua tendo ataques de ansiedade. Ansiedade que derrama em nós, quer nos dar autonomia o mais rápido possível: comunhão, crisma, escola primária... depois: escola secundária, liceu, universidade. Rápido, muito rápido. Precisamos virar adultos, é urgente.

Ela derruba tudo, até um garrafão de azeite, sete anos de azar, papai sentencia. E por quê? Por causa da tua depressão, Francesca.

Setembro de 1978: minha mãe aceita submeter-se ao tratamento. Papai consegue a autorização para fazer os procedimentos em casa, na verdade a terapia é praticada apenas em centros especializados, pouquíssimos na Itália. A mamãe poderá continuar em casa, perto de nós, talvez ela se recupere sem sair daqui, viva!

Começou assim o ano do sono.

Mamãe no quartinho em frente ao nosso. Um quarto que de repente vira um hospital. Leitos, prateleiras de remédios, soro, soro de reserva, tubo. Agulha no braço da mamãe, não toque na agulha que ela sai do lugar. Médicos para lá e para cá, enfermeiros para limpá-la, sabonete, desinfetante, não fiquem em cima, crianças. Janelinha redonda como uma claraboia, pedacinho de céu. Dia, noite. Dia de novo. Não é a mamãe que está vendo tudo isso, ela nunca abre os olhos, nós que estamos vendo, aconchegados perto dela, devagar, crianças, vão devagar.

Por isso elas perderam contato, minha mãe e Fiorella. Quando mamãe despertou, coisas demais tinham ficado para trás e ela não teve forças para ir atrás e recuperá-las. A vida naquele vilarejo, nós, as proibições de papai. Papai não gostava das amizades dela. Gente foleira, comentava. Se

A mais amada

alguém vinha visitá-la, ele fazia cara feia. No verão antes de ela dormir, Fiorella tinha vindo. Pode tirar os pés do sofá?, ele diz antes de se afastar, contrariado. Mamãe pede desculpas, quando ele faz assim, eu... Não consegue nem terminar a frase, tamanho é seu embaraço. Fiorella a tranquiliza: ele tem razão.

Minha mãe já não convida mais Fiorella. Não quer ver ninguém do passado, exceto Ambra e Giorgio, os únicos que meu pai recebe bem, a quem nós chamamos de tia e tio. Com exceção deles, mamãe já não frequenta mais os amigos de Roma, não quer deixá-los desconfortáveis, papai faz com que se sintam indesejados.

Gente que chama todo mundo pelo nome, romanos, hippies, comunistas, ele diz.

Três noites após a última visita de Fiorella a Pozzarello, o Professor está voltando de um jantar no Rotary. No volante do Alfa Romeo, faz a curva do Iate Clube e olha para cima. É automático, toda vez que passa por aquele trecho, mas também por outros pontos da enseada (casa Orefice, casa Muscardin, casa Bernabei), ele olha para ver a própria casa: de fora parece ainda maior — há um espaço na parte inferior, 250 metros quadrados ainda não utilizados — janelões em forma de arco, de dia o violeta da buganvília e, olhando bem, os respingos das crianças brincando na piscina. Quem passa lá embaixo vê: o casarão do Professor. Uma casa majestosa de onde é possível ver a ilha de Giglio de um lado e a casa Agnelli do outro, nos dias de tempo bom. Uma mansão que abrange toda a região, de Santo Stefano a Orbetello, a melhor posição. Uma mansão que permite ao proprietário, quando se apoia na grade do terraço e lança seu olhar ao longe, sentir que aquele é o seu reino.

Terceira parte

Depois de fazer a curva o Professor olha para cima, mas ao invés de uma grande sombra na escuridão, ao invés dos contornos pretos do casarão, vê um clarão. A casa envolta em luz, como uma astronave aterrissada em um campo de trigo, inteira brilho, o que está acontecendo. Quando saiu estavam todos indo dormir, filhos, esposa e sogra.

Chegaram. Seu pensamento após os primeiros instantes de confusão: chegaram.

Acelera, cabeça fria, precisa ficar calmo. Não sente medo. Ele sabia desde o início que isto podia acontecer. Foi uma escolha consciente e ele assumiu os riscos que vinham com ela. Podiam chegar, chegaram. Mãos no volante, mãos fortes. Vamos em frente, vira à direita, dez metros e direita de novo: rua do Salgueiro-chorão, rua particular.

Não entra pelo portão, deixa o carro mais à frente. Volta a pé, não podem escutá-lo.

A parte de trás da casa também está iluminada, os faróis do jardim estão acesos. Silêncio, nenhuma voz, nenhum barulho.

O Professor passa por fora. Cauteloso, mas decidido. Luzes aqui e dentro também, através das ripas das persianas. Um aviso. E a família? O coração começa a bater forte, poderiam ter eliminado a família.

Uma profusão de luzes na piscina, embaixo d'água também, aquela que eles nunca acenderam, cujos interruptores só ele e Francesca sabem onde ficam: no fundo da despensa, atrás das peças de presuntos.

E o pórtico, o salão com as vidraças escancaradas, um aviso, Professor, isto é um aviso.

Entra em casa pela porta da cozinha. Deserto, silêncio. Sobe até o andar de cima, sabendo que de cada canto pode despontar alguém armado, se ele pelo menos conseguisse chegar até seu quarto para pegar a pistola, preciso chegar lá, alguns metros ainda, Professor, antes de qualquer coisa, antes

A mais amada

de procurar sua família... Chega ao quarto, abre a primeira gaveta da cômoda, pega a pistola entre cuecas e meias. Tira a trava de segurança. E volta para trás. Armado, ele volta para enfrentar a realidade, seja ela qual for. Agora Lorenzo Ciabatti não sente nada. Dizem que ele sabe esconder as emoções, um homem controlado, imperturbável. Na verdade, ele não tem emoções. Quando pode dizer que foi feliz, ou qual foi a última vez que chorou? Quando criança, a última vez que chorou ele era criança, certeza.

Primeiro ele abre a porta dos filhos. Distingue as pequenas silhuetas nas camas. Imóveis. Parecem imóveis demais. Aproxima-se bem devagar, avança no escuro pisando no carpete azul-celeste, esbarra em algo, uma cabeça... é só a cabeça de manequim, dá um pontapé. E avança lentamente, desacelera, quase como se quisesse retardar a descoberta, pois agora, somente agora, sente que isso, somente isso, poderia desestabilizá-lo, destruí-lo, compreende inesperadamente, pois sempre acreditou que nada pudesse atingi-lo: nenhum abandono, nenhuma morte.

Para ao lado da cama da menina: está de olhos fechados. Queria sacudi-la, acordá-la ou ressuscitá-la. Mas abaixa para ver se ela está respirando. Está respirando.

Vai até o menino. Também ele inerte, com os olhos fechados. Também sobre ele o Professor se inclina. Está respirando. As crianças estão respirando, seus peitos sobem e descem. E o Professor sente algo que nunca sentiu, uma espécie de alegria, como se os filhos estivessem nascendo naquele exato momento. E não seis anos antes, não no hospital de Orbetello com médicos e enfermeiros fora da sala de parto, não no momento em que os colocaram em seus braços, pequeníssimos, enrugados, e ele não sabia bem como segurá-los, tanto é que os devolveu quase no mesmo instante

Terceira parte 157

a outros braços, da mãe, da equipe. Não nasceram naquele dia, nasceram agora.

Depois, abre a porta da esposa, estado emocional diferente, menos aterrador. Como se conosco, os filhos, o indispensável estivesse a salvo. Atravessa o quarto escuro. Vê a silhueta na cama, virada de lado. Distingue os contornos, vê que está nua. Ela dorme assim. Ou seja, está dormindo. O Professor está de saída quando, por escrúpulo, trava. Aproxima-se da cama. Chega perto de seu rosto, de sua boca, como se quisesse beijá-la — há quanto tempo não a beija? — e sente a respiração. Sua mulher está respirando.

Da sogra nem se lembra. Fecha a porta do quarto da mulher, aliviado, ainda que repleto de dúvidas — será que alguém realmente entrou? Acendeu as luzes enquanto dormíamos? Dirige-se ao corredor, desce as escadas — como acharam as luzes da piscina — e então compreende.

Maldita filha da puta.

Quer voltar lá e acordá-la, cobri-la de insultos, imbecil, irresponsável, louca, está quase indo, agora vai, cadela, volta e começa a esbofeteá-la.

Mas fica parado. Não faz nada, não sobe as escadas, não abre a porta, deixa a mamãe dormir. Nua em sua cama, rebelde, psicopata, puta.

O Professor percorre o caminho de volta, corredor, entrada, escadas, salão. Apaga uma a uma todas as luzes. Até as da piscina: no fundo da despensa, atrás das peças de presunto. O casarão fica escuro, e para quem olha da estrada parece o fim de uma festa. Mas é muito mais que isso, muito mais. É o fim de um casamento, de uma família.

A mais amada

3

E assim teve início a guerra fria entre meu pai e minha mãe Desrespeito, afrontas, golpes baixos. Poucas palavras. Aliás, nenhuma, apenas gestos que falam por si, sem precisar de explicação.

Às vezes as brigas duram poucos dias, outras vezes duram meses. Nós ficamos confusos, não sabemos interpretar os olhares, nem a falta deles. Gianni se torna hipercinético: tropeça, cai, rala o joelho, quebra três vezes o braço, duas vezes a perna, corre rápido demais, pula das escadas, cai e bate a cabeça, sobe no telhado. Aos nove anos quase se afoga depois de pular de um barco. Ainda ouço os gritos: o menino!

Entretanto, também me lembro dos momentos de paz, porque havia, houve momentos de paz. Eu me lembro dos momentos em que éramos uma família feliz. Domingo de missa (por que você não vai nunca, papi? Eu rezo sozinho. Então também quero! Vocês vão pra igreja por bem ou por mal!), e almoço no Cantuccio. Nós quatro: papai, mamãe, eu e Gianni. Sim, somos uma família. Um dia antes mamãe foi ao cabeleireiro. Pintou os cabelos de ruivo, não estão ruivos demais?, papai pergunta. Estão lindíssimos, eu me intrometo. Não paro quieta na cadeira, estou elétrica. Sensação à qual só hoje dou o nome de emoção, na época parecia frenesi, impossibilidade de ficar parada, preciso me mexer, dançar, preciso fazer xixi, estou fazendo nas calças. Depois me entupo,

Terceira parte

159

antepasto, primeiro prato, segundo, papai reclama que como demais, devo ficar atenta, diz a mamãe, e ela responde: seria bom ela fazer natação.

Somos uma família. Costumávamos nos amar, se fecho os olhos consigo nos ver sentados à mesa no restaurante, papai dando um peteleco na bolinha de miolo de pão, a bolinha me acertando na testa, ah é?, reclamo, não comecem, mamãe intervém, Gianni me joga uma fatia de pão na cara, papai resmunga cretino.

Aos domingos às vezes vamos à casa do tio Umberto e da tia Giordana. Giulio, Laura e Riccardo são nossos primos preferidos. Todos juntos somos os Ciabatti, nos sentimos assim, um círculo privilegiado — os Ciabatti, os Ciabatti, os Ciabatti —, os outros ficam fora.

Contam que quando jovem a tia Giordana era a menina mais bonita de Grosseto, parecia a Claudia Cardinale. Fico encantada olhando para ela, seus cabelos e olhos pretos, maçãs do rosto altas, à procura de Claudia Cardinale, não a encontro, onde está? Com o casamento ela deixou de ser jovem. Três filhos, dedicou-se a eles e à cozinha. Até sua postura, ombros curvados, cabeça baixa, diz: sou uma dona de casa. Elegante, arrumada, cabelos na altura das orelhas, roupas decotadas, saias no joelho, ela decidiu ser a esposa de Umberto Ciabatti, um papel a ser preenchido na Maremma — esposa de um Ciabatti, até mesmo uma responsabilidade, esta que minha mãe nunca honrou, do Fiorino às calças jeans, ela sempre foi rebelde. A esposa louca do Professor, sem dúvida nenhuma o Professor poderia ter se casado melhor...

Agora que Laura, Giulio e Riccardo estão na faixa dos vinte anos, fico eu girando de tutu para minha tia: quando eu crescer quero ser bailarina. Ela bate palmas: é a melhor! Vou ser bailarina, advogada, ministra! Oh, Teresa, você vai

A mais amada

ser o que quiser. Deixem-na em paz, ela diz a quem me ataca quando digo que quero mais pavê e papai reclama: chega, já com excesso de peso aos oito anos, e a tia enfrenta: deixem--na em paz, essa menininha precisa crescer.

Preciso mesmo crescer. Virar bailarina, juíza, presidente da República. E eles não entendem. Só a tia entende, esfrego as bochechas em seu pescoço e finalmente a encontro, Claudia Cardinale, que perfume bom.

Quando passo o domingo em Grosseto me sinto parte de alguma coisa importante. As conversas dos adultos, a conta dos imóveis fazem crescer o orgulho de ser uma Ciabatti: via Bertani, via Mazzini — tudo isso é nosso — via Matteotti, via Gioberti — meu — praça Garibaldi, via Nenni, via Gramsci — a cidade inteira, temos até um edifício. É isso, esse sentido de pertencimento e de propriedade que me faz sentir segura, nunca serei pobre nem só, e que me faz olhar mamãe e sentir pena, ela não nasceu Ciabatti.

Laura levanta-se subitamente: pode me levar para dar uma voltinha de carro, por favor, tio Renzo. Por favor, por favor. Tá bom. Eu seguro a mão de minha prima, minha prima linda e grande, que tem carteira de motorista, que ano que vem vai para a universidade, eu seguro forte a mão dela nas escadas do prédio e pela rua.

Vinte minutos depois estamos de volta em casa, Laura pedindo desculpas: talvez tenha freado bruscamente. Te juro, tio, eu não queria, ela diz, demonstrando profundo remorso. E dá um passo ao lado: atrás estou eu, pálida, com o vestidinho sujo de vômito.

Que nada, mamãe a tranquiliza, acontece sempre com ela, até quando vamos a Santo Stefano, essa menina passa mal em qualquer meio de transporte, quando crescer vai passar (não passa).

Terceira parte

A mamãe me lava e coloca um vestido limpo da Laura em mim. Eu me olho no espelho e não vejo um fantasma com um vestido grande demais, não. Vejo uma menina linda, uma mulher que dirige e que em pouco tempo estará na universidade, uma Ciabatti. Nunca devolverei o vestido a minha prima. Aquele vestido azul ficará para sempre em meu armário, até quando couber perfeitamente em mim, e depois também, quando ficar apertado, muito apertado, e não servir mais, o vestido estará lá.

No fim da tarde, quando já está escuro do lado de fora (papai, o que é aquela luz? A quadra de esportes. O Forzasauro joga aí, diz tio Umberto olhando lá para baixo com orgulho), nesses domingos nos despedimos dos tios legais para descer até o andar de baixo, inútil reclamar: a gente te espera aqui, papi, podemos ficar aqui?

Mas não, toda vez, toda santa vez, somos obrigados a descer.

A gente se aperta no elevador. Eu apoio a cabeça nas costas de mamãe e fecho os olhos, tomara que ele não esteja em casa, peço por dentro. Tomara que não esteja e a gente possa ir embora. O elevador para no segundo andar. Papai sai primeiro, nós atrás. Ninguém fala nada. Tomara que não esteja, repito comigo mesma nos segundos que passam entre papai tocando a campainha e a porta se abrindo, e tia Malvina que aparece. Sorrisos, abraços. Ele está em casa?, Papi pergunta. Está.

Pedido não concedido.

Bem-vindos à casa de Dante Ciabatti.

Cumprimentem o tio, mamãe nos empurra em sua direção. Na penumbra, poderia ser papai. Mesmo físico, mesma altura — só o Umberto é mais alto — mesma fisionomia. Então feche os olhos e faça de conta que é o papai, menina. Um passo, dois... porque ele continua parado, enquanto tia

Malvina e os primos nos beijam, tio Dante fica parado entre a entrada e o corredor. Sério. Não me lembro dele sorrindo, nunca vi. Muito menos rindo. Toda vez que seu olhar recaía sobre mim, eu pensava que ele não soubesse quem eu era, ele não sabe quem sou, até hoje digo a mim mesma quando seguro sua mão e murmuro: oi, tio.

Ele aperta minha mão, boa noite. Não, ele não sabe quem sou, não sabe que sou sua sobrinha, a sobrinha mais nova, se bem que Gianni também é, verdade, mas as meninas são mais frágeis e, portanto, eu sou a sobrinha mais indefesa, tio Dante, me dá um abraço.

Dê balinhas a ela, tia Malvina pede, incentivando o contato. Ele coloca a mão no bolso, pega três balinhas de menta e abre a palma da mão, o gesto dizendo peguem, como se fôssemos macacos no zoológico. Nós pegamos as balas e voltamos para perto de nossos pais.

Ele não leva jeito com crianças, assim como o papai, mas um pouco pior, diz a mamãe.

Para os Ciabatti as crianças não existem, nunca um abraço ou um carinho, nem mesmo um toque nos ombros. Não me lembro de nenhum contato físico com meu pai, exceto os beliscões. Vendo televisão juntos, ele em uma poltrona, eu em outra. Sem tirar os olhos da tela, ele tortura minha mão pendurada no braço da poltrona. Pequenos beliscões que desejavam ser carinhos. Mas agora é tarde, tenho dezesseis anos, a distância física vivida na infância está dentro de mim, e puxo minha mão.

As balinhas são a única relação que temos com o tio Dante. Logo em seguida eles nos dão as costas — meu deus, como são iguais olhando assim, a mesma rodelinha careca entre os raros cabelos —, seguem pelo corredor com passos confiantes, abrem a porta do escritório e desaparecem.

Terceira parte

Como vocês cresceram, tia Malvina nos abraça novamente. Vamos para a cozinha, falamos baixo para não incomodar os homens. Eu não respiro, ouvido em pé atento a qualquer barulho, para ver se estão voltando...

Venham cumprimentar a vó Palmina, tia Malvina levanta-se pouco depois, e nós a seguimos. Relutantes, primeiro porque não é nossa avó, é só a mãe da Malvina. Segundo porque crianças deveriam ficar longe de doenças e portanto também da velhice, não sei como mamãe consegue se sentar ao lado dela, me pergunto — oh, querida Palmina — e abraçá-la, não sei como não sente nojo — linda Palmina — ou medo de segurar aquele corpo que não opõe resistência — doce Palmina.

Eu permaneço na porta, Gianni mais atrás. A vó Palmina não fala, não reconhece ninguém, só olha para a frente. E nós, que não queremos ser vistos, ficamos no canto contando os minutos que nos separam da despedida, segurando o ar para não sentir cheiro de morte, até ouvir papai: vamos, crianças.

Como ele está?, no carro mamãe pergunta.

Tranquilo, papai responde.

Sim, mas, ela não termina a frase. Para ela Dante é um cretino, já disse muitas vezes, nunca deixou de dizer o que pensa sobre o cunhado. Vê se pode, pensar nisso, o golpe...

O que ele pretende agora?

Nada.

Não pode voltar a trabalhar?

Ainda não.

E vai fazer o quê?

Passear. Passear muito, responde papai.

Assim, momentos de serenidade alternam-se com a guerra fria.

A mais amada

Em 1980 Francesca Fabiani compra o carro novo. Precisa ser grande, para levar as crianças a Roma, temos o direito de visitar os parentes dela, não é, ou isso vale apenas para os do papai? Ela compra o carro em Grosseto, na loja do Brunero, que liga para o professor: ela enfiou na cabeça, não teve jeito, Brunero também tentou convencê-la: um carro adequado à esposa do Professor, e nada...

Ela chega com o carro novo e convoca a família, corram, corram.

Comprou uma Fiorino. Igual à dos açougueiros, à dos eletricistas. A esposa do Professor dirige uma Fiorino branca. E ele fica envergonhado: este carro...

Ela rebate: deitados não vão vomitar. Coloca colchõezinhos de espuma e bichinhos de pelúcia na parte de trás. Papai reclama: igual a cachorros. E ela: vão brincar. Na estrada, os carros que passam atrás veem quatro pés apoiados no vidro da Fiorino. Nós adoramos colocar os pés para cima, não vemos Orbetello se distanciando, não vemos os muros antigos, os bastiões, a escola elementar, as casas populares da lei 167,[12] o cemitério, não vemos a estrada passando nem Roma se aproximando. Talvez esta seja a imagem perfeita da nossa infância, nós dois rodeados de brinquedos, deitados no colchãozinho, sem ver. Até chegar direto à casa da tia Stefania: vamos lá, crianças, desçam. E descemos correndo. Igual a cachorros.

A Fiorino é uma afronta. Papai sabe disso, mamãe sabe disso, mas insiste na comodidade, o quão útil é também para levar coisas de um lugar para outro. No verão, Orbetello-Pozzarello.

---

12 O objetivo da lei 167, de 18 de abril de 1962, era combater a especulação fundiária prevendo parcelas de terreno destinadas a moradia popular ou social e aos serviços complementares necessários. [N. T.]

Papai não contra-ataca.

A guerra continua.

Ele não a leva para Casablanca, para o congresso internacional do Instituto Serono. Ela deixa a piscina dez dias sem limpar, e quando ele chega está repleta de folhas.

Ele não compra presente no aniversário dela, ela não vai ao jantar do Rotary quando ele é eleito presidente e recusa o cargo (o primeiro na história do Rotary Orbetello-Monte Argentario a recusar o cargo, gesto nobre, o Professor é um homem simples, um santo...).

Ele não a leva para Los Angeles em 1984, Olimpíadas, para onde vai como convidado, tudo pago pela Federação graças ao Claudio, que pessoa gentil o Claudio, amigo fiel.

Porém, volta cheio de presentes. Presentes para a esposa e para as crianças. Uma echarpe para mamãe. Um Playmobil galeão para Gianni, e a boneca para mim. Fiquem quietos, eu digo, fiquem quietos, sou obrigada a repetir porque está uma bagunça na cozinha. Quietos, grito. E aperto a barriguinha da boneca. Mamãe, mamãe, ela fala. E nós rimos.

A mais amada

4

Se tivesse que identificar o exato momento do fim, o início da queda — sentimental e econômica — minha mãe não teria dúvidas: a chegada de Claudio Boero em nossa vida. Um metro e noventa, óculos de grau com armação quadrada, físico enxuto, Boero não parece ter seus 52 anos. Cordial, educado, cumprimenta as mulheres com um beijo na mão. É de Turim e, apesar de viver em Roma há trinta anos, não perdeu o sotaque cadenciado que contribui com seu jeito de homem mansueto. Tanto é que até a vovó, sempre desconfiada dos amigos de papai, e ainda mais das empregadas domésticas, sobre Boero comenta: que homem garboso.

Parece um recomeço para todos, este distinto senhor fará bem a papai. Me espalho no sofá anunciando: quero virar a melhor amiga da filha de Boero. Quero invadir, controlar, seu mundo se tornará meu.

Quero sair com ela, conhecer seus amigos, apresentar os meus, continuo falando no sofá. É uma garota estranha, papai me avisa, está sempre vestida de preto.

Claudio Boero é apresentado a papai por Mario e Lidia Pagliai, amigos de velha data, ele de Grosseto, ela de Florença. A filha, Sofia, é namorada do filho de Boero. Em breve vão se casar. Oh, Renzo, você não sabe que alívio Sofia ter conhecido um rapaz bom, de família, como nós, Lidia suspira, com a mão no coração. Onde *como nós* significa gente da alta burguesia, inserida em um determinado tecido social, proprietária de imóveis, como o casarão em Ansedonia — não se compara à tua, Renzo, mas de qualquer forma são 170 metros quadrados mais piscina feijão compartilhada com os vizinhos. Quanto valerá?, Lidia se pergunta. Um bilhãozinho, Mario responde. E ela deita-se sob o sol sentindo-se abençoada, vislumbrando o futuro da filha através dos raios de luz. E então chega o dia em que Mario e Lidia trazem Claudio Boero e a esposa para jantar em casa.

Erica também veio?, pergunto após ter sido informada da existência de uma filha quase da minha idade.

Não.

Quero a Erica Boero.

Lidia Pagliai é extravagante na mesma proporção em que Ottavia Boero é simples: alta, magra, pescoço longo, cabelos curtos, sem maquiagem, sem joias. Atlética, como o marido. Os Boero contam que toda manhã, às sete, eles descem até a praia, caminham até Feniglia, doze treze quilômetros, e voltam. Mantêm a forma assim, sem esforços excessivos, um simples passeio, brisa do mar. Você também deveria se mexer, mamãe diz a papai.

Eu ando de bicicleta, ele replica.

Renzo tem um problema vascular, mamãe revela aos presentes.

Não tenho problema nenhum, rebate papai.

Quando ela faz isso, ele a odeia. Na verdade, mamãe faz isso com todos, até comigo, revela em público nossos problemas mais íntimos, nos despe perante os outros — Teresa recuperou os 9 quilos que tinha perdido — nos faz de ridículos, e quando acontece eu me levanto da mesa, do sofá, de qualquer lugar em que eu esteja largada (você

A mais amada

está sempre deitada, parece um defunto!) e fujo, enfurecida: vá tomar no cu.

Por que a Erica não veio?, queixo-me com Boero. Eu a trago da próxima vez, promete.

Os noivinhos vieram, Lidia intromete-se abrindo os braços com um movimento que faz suas mil pulseiras tilintarem, não está feliz de ver os noivos?

Sofia e Massimo sorriem atrás dela. Massimo é tão alto quanto o pai, físico atlético. De longe dá para confundi-los, parecem irmãos, mais que isso: gêmeos. Coordenam até os movimentos, mesmo jeito de andar, mesmo jeito de balançar os braços. Aparentemente, o mesmo caráter: moderado, submisso, pacífico. Na realidade o Boero pai não é como aparenta. Coisa que descobriremos muito depois. Nesta noite de agosto, no entanto, diante das grandes janelas arqueadas com vista para o mar — olhe aquelas luzes lá embaixo... Orbetello, sempre Orbetello — nós vemos um homem bom, um senhor que não economiza elogios: que lindas crianças, e que casa, o casarão mais lindo do Argentario, Professor!

Imagina, papai desconversa.

Mas antes da casa, antes das crianças, Boero notou o anel. Aquele que para nós continua sendo o anel da universidade americana e, com o tempo, na adolescência, o anel espalhafatoso, não se pode tirá-lo, você está parecendo que é de Viterbo, papi. Pois bem, esse anel que para nós é antes de tudo curiosidade, depois admiração, e, por fim, vergonha, para certos adultos é um sinal. Sinal de quê? *Existem os graus oficiais, o de Grande Mestre é o mais alto, e os graus ocultos, de revelação, se você os alcança torna-se guardião de segredos.*

O anel contribui para que os tempos de aproximação entre Boero e meu pai acelerem, levando Boero a contar de seu trabalho, finanças, e de seu papel público: presidente da federação Pentatlo. Conhece o Pentatlo, Professor? Cinco provas, atletas, vitórias, medalhas de ouro, se um dia o senhor quiser ver, será uma honra mostrar-lhe as estruturas do CONI.[13]

Meu pai acha boa a ideia de ter algum poder também no esporte, bem além do Forzasauro de Umberto.

Para todos nós Boero representa algo diferente. Não é como os habituais amigos de papai, os habituais grandalhões rabugentos que nos deixam intimidados. Boero traz presentes para nós, trata mamãe bem, naquela noite levantou-se e recolheu os pratos sujos, embora mamãe tenha dito: Claudio, por favor, apesar da reação de todos, Claudio, o que você está fazendo, ele se levanta do mesmo jeito. Durante toda nossa infância nenhum homem nunca ajudou, nenhum homem nunca entrou na cozinha, nenhum macho alfa nunca se levantou para tirar a mesa.

Quem sabe papai um dia não fique assim, é nosso pensamento em comum, enquanto observamos, admirados, Boero desaparecer na cozinha. Quem sabe papai não se torne gentil e moderno, não mais alguém que responde não posso quando pergunto se poderia enxaguar os talheres. Por quê? Porque sou homem.

A amizade entre papai e Boero fica mais forte com os anos, telefonemas, presentes, jantares. Acontece de Boero aparecer no Argentario apenas para ver papai, apesar de seus compromissos. Com ele fala de negócios, às vezes recorre à sua intervenção com o político tal, já que o Professor conhece todo mundo e é muito respeitado. Se o Professor levanta o gancho do telefone, Roma responde.

E convites. 4-9 de outubro, Roma, XXVI CAMPEONATO MUNDIAL — PENTATLO MODERNO, tribuna de honra, de um

---

13   Comitê olímpico italiano. [N. T.]

lado Giovanni Spadolini, primeiro-ministro, além de amigo de infância de meu pai, do outro Emilio Colombo, ministro das Relações Exteriores.

Renzo, começa Spadolini, tem esse doutor em Bressanone, ele te consulta e te faz emagrecer dez vinte quilos...

Mas é em Los Angeles, durante as Olimpíadas de 1984, que Boero convence Lorenzo Ciabatti a fazer negócios com ele, a investir 2 bilhões de liras (descubro hoje nos papéis encontrados) e, sobretudo, a avançar para além do circuito da maçonaria Toscana, termo genérico que eu ainda não sei bem o que quer dizer: minha investigação sempre para aqui, às portas da maçonaria Toscana — uma espécie de Rotary ampliado? O Grande Oriente da Itália ligado ao Reino Unido? A P2?[14]

No início, papai diz que nos levará para as Olimpíadas. Vamos viajar, vamos voltar à América, ao Hotel Ambassador (foi aqui que mataram Kennedy, Bob Kennedy. Você o conhecia, papi?), vamos de novo à Disneylândia, oh, a Disneylândia (encontro a Minnie na Disneylândia, a Minnie em carne e osso, dou-lhe um abraço apertado e caio no choro em seus braços, com a cabecinha apoiada em seu peito de pelúcia, oh, Minnie, Minnie).

Só que depois papai destrói o sonho: não estão previstos acompanhantes, suas despesas serão pagas pela Federação, nos levar seria complicado, e não poderíamos assistir aos jogos.

---

14 Propaganda 2, loja maçônica cujos membros mantinham-se clandestinos, pertencia originalmente ao Grande Oriente de Itália. Foi dissolvida em 1974 e reconstruída em 1975 sob a liderança de Licio Gelli. [N. T.]

Meu pai foi para as Olimpíadas como convidado de honra, conto vantagem na praia. Não lhe deem ouvidos, escuto mamãe tagarelando atrás de mim. Em casa eu me rebelo: meu pai foi ver as Olimpíadas e eu tenho o direito de contar. Não é convidado de honra, é só mais um convidado. Eu a encaro com ódio: ele não é só mais um.

Acompanhamos os jogos pela televisão na esperança de vê-lo na tela, é ele! Gianni dá um pulo. É ele, é ele, toda hora, cheio de emoção nos olhos. E nunca é. Nunca é ele. Onde está, onde você está? Até o dia da corrida final, quando Masala vence os 100 metros, medalha de ouro, e na tribuna os italianos ficam de pé, um está de costas, jaqueta azul, costas curvas, é ele, desta vez é ele, e nos aproximamos da televisão esticando as mãos, como se pudéssemos tocá-lo... vê-se que é ele, oh papi, pulamos e nos abraçamos, enquanto do outro lado da tela eles se abraçam pela vitória da Itália, do lado de cá nos abraçamos por papai, ele apareceu na televisão, olha, é ele mesmo... ou é alguém idêntico.

Vamos para o aeroporto de Fiumicino pegá-lo, eu, mamãe e tia Ambra. A ideia é da tia: um grande buquê de flores com um laço da Itália. Pensa na cara das pessoas, todos se perguntando quem é aquele gordinho desconhecido. Papai não é gordinho, eu reajo.

Dê-lhe as flores e volte para trás, tia Ambra recomenda, tem que parecer que você é uma hostess. Coloquei um vestido branco para realizar a tarefa. Cabelos soltos. Eu me olhando: fiquei lindíssima para te encontrar, papai.

Porém, dentro do aeroporto, em meio à multidão que espera pelos atletas, faixas e bandeiras, eu me sinto só uma menininha de Orbetello, e não, não consigo ultrapassar as barricadas, caminhar no tapete vermelho (em minhas lembranças há um tapete vermelho, mas é possível que eu o tenha acrescentado com o tempo). Dou o buquê a mamãe.

A mais amada

Ah não, não, ela o empurra. Enquanto isso começam a chegar os atletas de uniforme, aplausos. Depois, as autoridades, de terno e gravata, o Presidente, aplausos, e enfim o campeão, o vencedor, Masala, uma explosão de aplausos, gritos, lágrimas, e meu pai.

É ele que passa pelas barricadas, é ele que com passos seguros vai até o time. Alta, loira, embrulhada em um vestido azul Ferretti (amigo pessoal — ela conta deitada na cama do quarto de hóspedes — certos modelos ele faz especialmente para mim), tia Ambra, sob os olhares de todos, aproxima-se de papai, dá-lhe um beijo na bochecha e lhe entrega as flores. Ele assobia: cretina. Pega o buquê e vai decorosamente ao encontro da família.

Esta mãe vestida com seus jeans, esta espécie de hippie, e esta garotinha de Orbetello, de vestidinho branco.

Apenas nós, nada de especial.

Em casa, os presentes. Uma echarpe para mamãe. Um Playmobil galeão para Gianni, e a boneca para mim. Fiquem quietos, eu digo, fiquem quietos, sou obrigada a repetir porque está uma bagunça na cozinha, tia Ambra está contando da brincadeira. Quietos, grito. E aperto a barriguinha da boneca. Mamãe mamãe, ela fala. E nós rimos.

Terceira parte

5

Em 14 de dezembro de 1984, no átrio do hospital, minha mãe está gritando ele morreu, eu sei que ele morreu. Os médicos tentam tranquilizá-la, inutilmente. Vocês não estão me dizendo a verdade, diz agitada, digam-me a verdade. Venha, doutora, Brama a leva pelo braço. No corredor, comitivas de médicos, enfermeiros, e nós. O hospital parou. Os doentes põem a cabeça para fora de seus quartos, alguém sussurra é o Professor.

Para nós a notícia não chegou de imediato. Noite, casa: eu e meu irmão vendo TV. Toca o telefone, dou um pulo e corro para atender, quero sempre atender para saber quem está procurando o papai, até aos que não se apresentam e só dizem: posso falar com o Professor? Para esses eu pergunto: quem fala? Pois bem, levanto o gancho e atendo. Marrucci quer falar com a mamãe. Ela vem. Escuto quando diz: ele morreu? Desliga, vem até nós e diz que papai se sentiu mal.

Esperem-me aqui. Nós dizemos que não, ela insiste, vocês precisam ficar em casa, não não, nós vamos com você, batemos o pé, e como não há tempo para discussões, ela precisa correr, que vá quem quiser. Mesmo que sejam duas criancinhas. Uma das duas que nunca imaginou que alguém de seu convívio pudesse morrer, meu irmão eu não sei. Aos doze anos, a morte não existe para mim. Na verdade, estou a um passo dela e não sei. A um passo do tempo em que

A mais amada

um acidente, uma doença, um gesto voluntário vão sumir com as pessoas que amo, a um passo do tempo em que terei que aceitar que mamãe, papai jovem demais, avôs, tios, e até o hamster da minha infância não são imortais, eu, Teresa Ciabatti, estou a um centímetro do tempo em que começo a conversar com meus mortos: por favor, papai, volta. Depois a vovó, depois mamãe.

Ainda faltam seis anos para que, numa manhã de agosto, eu desça saltitando pelas escadas de uma casa de praia que alguém nos emprestou, e percorra o corredor do térreo até chegar à última porta, o quarto onde papai está dormindo. E bata na porta, está tarde, são dez horas, e bata de novo, decidindo entrar em seguida, certa de que ele já estivesse de pé, e, no entanto, está nu. Completamente nu na cama. Seis anos para que eu feche a porta sem dizer nada, não quero acordá-lo: sei que depois disso nossa relação não seria a mesma, ficaria tomada de constrangimento e desconfiança, ele não pode saber que o vi nu, volto para o andar de cima para chamar meu irmão, ele que acorde o papai. Ainda seis anos para que eu fique esperando por ele na sala sentindo uma espécie de pesar, para que Gianni venha até mim e gagueje que algo aconteceu, sem me dizer diretamente, o que o quê? Choro porque no fundo eu já sei, sei que aquela coisa nua e imóvel é a morte, mas não tive coragem de admitir para mim mesma, não tive forças para descobrir sozinha, para tocar meu pai e sentir um corpo frio, e chorar, gritar, sacudindo-o para que voltasse a viver. Quero vê-lo, digo a meu irmão que se mostra muito forte e, segurando meu braço, ordena você fique aqui parada. Seis longos anos ainda devem se passar para que as pessoas digam foi o filho que o encontrou, morreu durante a noite. Infarto. A morte dos justos.

Estamos seis anos antes disso, e ele ainda está vivo.

Terceira parte

A comitiva fica parada em frente ao quarto número 1. Apenas mamãe poderá entrar.

Eu espero, gritos, choro e vozes se sobrepondo. Fico esperando um de seus espetáculos, como diz papai. Ela é trágica. De fora do quarto, fico à espera dos bramidos de minha mãe.

Nada disso acontece. Do lado de cá da porta chega apenas um murmúrio pacato. Ela não chora, diante do marido na cama, tão frágil e inerme, ela coloca um terceiro travesseiro embaixo de sua cabeça, tem que ficar alto. Aqui e agora é ela quem decide.

Enquanto eu começo a tremer assim que me deixam entrar: papai ligado a fios que não sei para que servem, oh papi, choro desesperada. Papai não é forte, papai não nos protege, papai não me dá mais medo, vamos encolhendo ao lado dele. Só nós, os filhos. Mamãe não. Olhando-a de soslaio, parece mais alta. Ver a segurança com que ela vai até a mesinha, põe água no copo, e coloca o copo em sua boca, você precisa beber algo, Renzo. Sabe o que faz, a esposa, tomou as rédeas da situação.

Meu pai teve um infarto.

O problema vascular obstruiu a artéria do coração. Há anos os médicos consultados indicam o mesmo: cirurgia. Ele adia. Vai se operar na Suíça com o professor Aymon, decide. Mês que vem, ano que vem... e no fim, cá está.

Você se acha imortal, mamãe balança a cabeça. Tão imortal que o susto não foi o bastante. Levanta-se, me dê minhas roupas, quer voltar para casa. Você fique quieto, mamãe o segura. Vejo sua mão empurrando-o de volta. Ele cede, não resiste, entrega-se à mão da esposa e relaxa o corpo na cama. Agora e aqui é ela quem decide. E de novo, com a luz da janela brilhando atrás dela, mamãe parece realmente mais alta, não é ilusão de ótica, minha mãe está altíssima, juro. Os olhos escuros iluminados, a pela morena, os cabelos presos em um rabo, ela deixou crescer, só agora percebo, mamãe está quase de cabelos compridos.

Lorenzo Ciabatti fica seis dias no hospital.

Seis dias de visita de peritos de Roma, Milão, além do professor Aymon, de Berna. Seis dias de homenagens, mesmo que nem todos possam entrar, o Professor precisa de repouso, Nino segura as pessoas na porta.

Entram tio Umberto e tio Dante. Tio Umberto me abraça, pergunta se quero ir ficar com eles em Grosseto. Agradeço, mas quero ficar perto de papai. O tio Dante eu encontro no corredor. Estou chegando, ele saindo. Passa ao meu lado e me olha distraidamente, mas não me reconhece. Vou mais devagar, quero dizer sou sua sobrinha, sua sobrinha mais nova, mas olho para baixo e prossigo.

Entram os amigos importantes de papai. Homens de terno e gravata que chegam em carros escuros com motoristas.

Minha mãe do lado da cama ou do lado de fora da porta, seja como for, presente. Os amigos de papai a cumprimentam, apertos de mão, poucas palavras. Na hierarquia deles, ela não conta nada. Mulheres e crianças são satélites. Não para Boero. Claudio Boero é o único a dar importância a Francesca Fabiani. Ao chegar ao hospital, antes de ver o Professor ou de falar com os médicos, ele procura minha mãe e segura suas mãos, oh Francesca. Ela, enfim, cai no choro. Em quatro dias é a primeira vez que chora, relaxa nos braços desse homem em quem confia, o único que realmente se importa com papai tanto quanto ela, tanto quanto nós, o homem forte que não permitirá que papai morra, não é, Claudio? Eu te prometo, Boero a abraça. Ele precisa parar de fumar, ela clama em meio às lágrimas. Eu cuido disso, Boero a tranquiliza.

Terceira parte

Poucos dias depois ele volta para Orbetello com o doutor Padula, neurologista, especialista em tratamento contra o fumo. Padula coloca um ímã na orelha direita de papai. Método revolucionário, assegura, em duas semanas a vontade de fumar passa.

Mamãe agradece a Boero, sente-se tão protegida.

Estou parecendo uma bicha, papai reclama enquanto mexe no ímã. Mamãe ri.

De manhã, ela faz sua barba. Bem devagar, cuidando para não o ferir. Corta as unhas das mãos e dos pés. Penteia os cabelos. Quer cuidar sozinha até da limpeza íntima, proíbe os enfermeiros de encostar nele, sabe que se sentiria humilhado se ficasse nu diante da equipe. Nos primeiros dias, passa um pano molhado em seu corpo. Nos dias seguintes, quando já consegue se levantar, leva-o até o banheiro, coloca-o embaixo da ducha e lhe dá banho. Com o papagaio também. É ela quem cuida do xixi e do cocô do Professor.

Na quinta noite os médicos lhe dizem que pode ir para casa. Ela se recusa, não vai deixar o marido. Há quanto tempo eu não via mamãe assim. Alegre. E forte. Que bom estar com eles, todos juntos. Depois da escola vou correndo para o hospital. Às vezes me esqueço de comer. Fico a tarde inteira deitada na cama, um vazio, troco de canal (trouxeram uma televisão para o Professor!), desço até o bar, subo de novo, pergunto do gato para Vincenzo Salvini, ele achou um gatinho de poucos dias de vida, minúsculo, volto para o quarto de papai, nunca havia passado tanto tempo com ele, conto da escola, pego o controle remoto e troco de canal, deixa eu ver o telejornal, por deus, ele reclama. Gianni chega do tênis, raquete na mão, venceu, ele vence sempre, dá para entender, eu comento, na dança eu também sempre sou a melhor. Gianni se joga na poltrona, quer um suco de fruta, mamãe pergunta e abre o frigobar (trouxeram um frigobar para o Professor!), eu tiro os sapatos, mas agora vamos assistir a «Ok o preço é justo», cruzo as pernas na cama, sabe que seria ótimo ficar aqui para sempre, neste quarto, no nosso hospital. Sabe que poderia durar infinitamente, papai?

Doutora, vá para casa, os médicos voltam a insistir.

Da porta Vincenzo espia: doutora, eu fico, pode ir.

Vincenzo, falei ganindo, conta para eles do gato, e dirigindo-me a meus pais: ele dá leite para o gato na mamadeira!

Mamãe dorme em uma cama ao lado da de papai. Estão em um quarto duplo, o único no hospital. Ela cochila, depois acorda. Ele dorme. Ronca. Se para de roncar, ela se levanta para verificar se está vivo. Faz vigília. Uma noite ela vai até sua cama e ele, de lado, sem se virar, sem sequer olhá-la, pega em sua mão. Ficam de mãos dadas por muito, muito tempo, é o que ela nos contará nos anos seguintes, nos que vieram depois, e ainda depois, para reconstruir um marido que a amava. Rabugento, introvertido, incapaz de demonstrar sentimento, infiel, mas a amava, é claro que a amava.

É claro que naquela noite, a quinta ou a sexta no hospital, ela vê a porta se abrindo. É claro que vê uma figura feminina projetada na luz do corredor. É claro que a reconhece, a proprietária da loja de roupas. Pois bem, diante daquela mulher que veio visitar o amante no meio da noite, minha mãe não se mexe, olhos semicerrados como se estivesse dormindo. Espera que a outra a veja, que perceba que o Professor não está sozinho. Estou aqui, sua coitada iludida, diz dentro de si mesma, olhe bem para mim, à direita de meu marido, não, nossa relação não acabou, o que ele disse não é verdade, os homens são assim, sua coitada ingênua, os homens não deixam a esposa. Raiva que se torna perdão que se torna triunfo: feche a porta e vá embora daqui, personagem secundária. Os homens não abandonam a família, pensa mamãe, imóvel na cama.

A porta se fecha ofuscando para sempre a figura de passagem da qual nunca saberemos mais nada, assim como das outras, todas as outras, muitas ou poucas, que importa.

Voltemos a ser uma família. Somos uma família.

Depois vem o verão, e o homem com a pistola. Depois, nós no bunker. Depois, fugimos para Roma.

6

Por que ficamos pobres, mamãe?

Ela baixa a cabeça, poderia responder é culpa do Boero, se não tivesse entrado em nossa vida, papai não teria colocado dinheiro na sociedade petrolífera, ou melhor: nunca teria havido nenhuma sociedade petrolífera — tem petróleo em Orbetello? Vazamentos de combustível de embarcações pesqueiras.

Poderia me dizer, mas não responde.

Se Boero não tivesse aparecido, ainda estaríamos todos os quatro juntos. Ou talvez não, talvez nossa família tivesse se desmantelado do mesmo jeito, mas certamente teríamos tido menos problemas, certamente hoje ela não estaria diante de mim ouvindo a pergunta: mamãe, por que ficamos pobres?

A verdade é que ela não tem provas concretas para afirmar que a causa de nossa atual condição econômica seja a sociedade petrolífera, mais provável que papai não nos dê dinheiro de pirraça. Nós fugimos para Roma? Ele não nos sustenta mais. Quando ela toma coragem, pega no telefone e reivindica a pensão, precisamos de livros, roupas, sapatos, ele responde que as coisas mudaram muito, ele não tem dinheiro. Mamãe não acredita, sabe que está mentindo.

Nos papéis que hoje eu encontro também não emerge nenhuma ligação direta entre a sociedade e a perda de capital. O que descubro é que antes de morrer um homem esvaziou

Terceira parte

181

as contas-correntes, oito (cinco na Itália e três no Canadá), mas não o motivo por que fez isso. Não nos deixar nada? Esconder os capitais do fisco? Talvez nos proteger?

Seja o que for, aquele homem — demônio, ladrão ou benfeitor — funda em 1985 a Termomac, empresa de petróleo com sede em Roma, na via Boncompagni 21. Sócios: 45% Lorenzo Ciabatti, 35% Claudio Boero, 20% Giulio Maceratini.

Embora mamãe tente pará-lo, e não só ela — tio Umberto, tio Dante, os amigos —, ele assina. Meu deus, dou um pulinho, quer dizer que agora temos poços de petróleo? Fico em pé em cima da mesa, jogo os braços para cima e dou uma voltinha, céu, galáxia, jazidas: é tudo meu.

Desça, você vai quebrar a mesa. Minha mãe.

O que me parece o início de uma vida maravilhosa, ainda mais maravilhosa do que esta, é na verdade a queda. Não poderia imaginar que em breve estaria na via Monti Parioli 49a, em uma casa onde não tenho um banheiro exclusivo, pela primeira vez na vida eu não terei um banheiro só para mim, e serei obrigada a bater desesperadamente na porta fechada (dá para ir logo que tenho que fazer minha chapinha, cacete? Mamãe, mamãe, fala com o Gianni!). Sabe quantos banheiros temos em Pozzarello? Onze. E em Orbetello? Seis. Não, ainda não me imagino na fila do banheiro, pois entre a Termomac e Roma muita coisa vai acontecer. Entre nós que somos os filhos do Professor, aqueles nós despreocupados que mijam cada hora em um banheiro diferente e esses nós assustados chegando à cidade grande, dois simples Ciabatti — Ciabatti? Que venham as gargalhadas — caipiras vindos de um vilarejo, ainda vai demorar um pouco.

Papai fica cada vez mais nervoso. Começam as viagens para Roma, as reuniões no Parlamento. Telefonemas noturnos.

Novos nomes no ar: Garrone, Moratti, Accorinti. Reunião na Agip, reunião no Api.[15]

Volta a fumar quatro maços de cigarro por dia quando tinha passado a fumar um, o ímã funcionou, mamãe joga na cara, mas ele estragou tudo, talvez queira morrer, o que está acontecendo, Renzo? Ouvimos suas discussões. Saia desta maldita sociedade, ela implora, fique longe destas pessoas, quem são, você não sabe nada delas.

Depois o sequestro relâmpago, depois nós no bunker, depois a sensação de que morreremos lá embaixo no subterrâneo, estamos quase morrendo, não morremos. Depois fugimos para Roma, e cá estamos.

Via dei Monti Parioli 49a.

Mamãe nos matriculou na escola do bairro: liceu clássico Goffredo Mameli. Pensa: habituados ao vilarejo, melhor irem para uma escola próxima, mesmo que tenha ficado tentada a matriculá-los na escola de sua infância, liceu Visconti, tentação de voltar no tempo, para dias menos ricos, mas serenos.

Gianni leva alguns meses para se ambientar, eu faço amigas rapidamente, e uma melhor amiga: Eleonora.

Viu, fiz bem em trazê-los para Roma, mamãe pensa. Viu como é educada a amiguinha da Teresa?, diz para vovó. Como gosta da Eleonora, bem melhor que aquelas exibidas de Porto Ercole.

Eleonora Linda, a primeira vez que vem em casa diz: ah, foi meu avô que construiu este bairro.

Seu avô? Eleonora é neta de Raul De Sanctis, e a coincidência encheu de lágrimas os olhos da vovó, um senhor tão

---

15   A Agip, Azienda Generale Italiana Petroli, e a Api, antiga Anonima Petroli Italiana, são companhias petrolíferas. [N. T.]

gentil, Eleonora, um homem generoso que me permitiu fazer a única aquisição de minha vida. Onde estaríamos hoje sem esta casa? Não fosse pelo teu avô... abraçam-se demoradamente. Era um bom homem, vovó sussurra quando Eleonora diz que ele morreu — muito bom.

Dá para parar de encher o saco da minha amiga? Apareço na porta. Mamãe, a vovó está me roubando a Eleonora, reclamo.

Com os olhos lacrimejando, Eleonora diz: sou eu que quero escutá-la.

Então escolhe, ameaço, ou ela ou eu.

Fechadas no quarto, passamos a tarde no telefone. Mamãe nos escuta rindo.

Fiz certo em vir para Roma, fiz certo em fugir.

Está tão aliviada que não sente raiva quando as contas chegam. Contas altíssimas, porque nós, eu e Eleonora — duas cretinas, Fiorella, mamãe praguejando ao telefone —, ligamos para qualquer lugar, até para a América — conforme aparece no balanço requerido à sip — malucas, não têm noção da realidade...

Porém, juntas. Ela tem que admitir, isto a conforta, o fato de a filha ter uma melhor amiga a conforta, como ela se sente segura escutando nossos gritinhos atrás da porta, as vozinhas estridentes: na turma C tem alguém que te ama, as iniciais são T. C. Barulho do gancho batendo no telefone, alvoroço. Você acha que agora ele entendeu?

Às vezes mamãe ameaça tirar o telefone do meu quarto. Desliga o fio e pega o aparelho com formato de gato, eu a seguro, a puxo com força, lutamos até eu conseguir arrancá-lo de suas mãos, e digo é meu enquanto o aperto forte em meu peito, cobrindo-o com os braços como se fosse um gato de verdade.

A mais amada

Via dei Monti Parioli 49a.

A vida em Roma é muito diferente da vida no vilarejo. Roma é imensa, e mesmo que eu não viva a cidade em toda sua dimensão, estou sempre no bairro, a ideia me condiciona, qualquer distância me parece enorme. Para ir à casa de Eleonora, na praça Ungheria, pego um táxi. Gasto toda minha mesada em táxis. Quando preciso comprar algo no centro, pego um táxi. Por exemplo: quero uma bolsa da Naj-Oleari, quero ser uma garota normal com sua bolsa, por favor, papai, choro ao telefone, não me façam ser diferente.

A loja da Naj-Oleari fica no centro, na via dei Greci. Dez minutos de táxi. Acho fácil sair de casa, subir no carro, chegar. É só ter dinheiro, dinheiro traz felicidade... Mas é difícil entrar na loja cheia de menininhas loiras, magras, em grupo ou com as mães, mães especiais, de casaco de pele, joias e salto alto. Como se uma nuvem envolvesse todas elas, e eu de fora. Quem sou eu passando por elas, estou com falta de ar, quem sou eu apanhando uma bolsa azul-celeste, preciso pagar e sair correndo. Minhas pernas tremem. Sinto calor, muito calor, começo a suar. Duas meninas se abraçam — Ginevra, te liguei ontem! Minha cabeça está rodando, gente demais em volta, vozes, lindas vozes de menininhas loiras.

Corro para a Piazza del Popolo, me jogo dentro de um táxi e digo: via dei Monti Parioli 49a. Casa. Quero voltar para casa, me fechar no quarto, me enfiar na cama, ficar escondida debaixo das cobertas. O caminho de volta parece mais longo, sinais vermelhos, pressiono a bolsa como um escudo, a armadura capaz de me defender do novo mundo. Outro sinal vermelho. Sinto meu estômago pressionando, sinto que começa a subir aquela sensação que conheço bem, sobe como uma serpente, chega à garganta, e continua subindo. O senhor pode parar, sussurro ao taxista, e vomito, vomito no banco, no tapetinho, na bolsa azul-celeste da Naj-Oleari.

Terceira parte

Em Roma também há festas de gala. Volto desesperada da escola: que merda, o que vou vestir? A primeira é a festa da Beatrice. Tenho que ser a mais bonita, ameaço. Subentendido: foi você que nos trouxe para cá, então vai ter que nos deixar à altura, mamãe.

Mamãe compra o tecido, seda mista com listras largas horizontais brancas e pretas, e um suéter de lã preta. Imagina algo maleável, que não me aperte demais, tem pena de mim assim, gordinha. Quer me abraçar feito uma boneca, a sua bonecona. Mas quando se aproxima eu me retraio, fique longe de mim. Deixa eu te abraçar, ela tenta de novo. E eu: estou enorme, me deixa em paz. E ela: ah, para com isso, vem cá. E eu me viro com os olhos cheios de lágrimas: foram vocês que me fizeram ficar assim.

A vovó costura o vestido, a saia vai até os tornozelos e encontra o suéter. Aplica um laço lateral, eu reclamo: maior! Maior ainda... quero que fique gigante.

Minha intenção é usar o maior laço já visto em Parioli. Uma espécie de estandarte que me diferencie dos outros, não serei a mais bonita, a mais rica, a mais nobre, serei a garota com o maior laço. Porque em Roma descobri uma nova realidade, um nível ulterior que me abafa, não são só as filhas dos políticos, não são só as loiras magérrimas, no novo mundo existem as princesas. Enquanto eu sou uma simples Teresa Ciabatti — Ciabatti? Gargalhadas. Mas isso acontecerá mais para a frente, agora estamos na festa da Beatrice, e eu entro triunfante, levemente de viés para deixar o laço passar.

Exatamente três anos depois, conversando sobre amigos em comum com uma menina que acabo de conhecer, ao descobrir que uma delas é Beatrice, ela também estava na festa, me pergunta: não me diga que era você naquele vestido de primeira comunhão?

Imagina, respondo.

A mais amada

Mas era eu mesma, Teresa Ciabatti. E só agora, neste momento presente, me chegam as risadas do passado — olha o vestido da gordinha — me chegam as palavras que não ouvi na época — tadinha, vai. E me vejo de novo saindo de casa aos quinze anos, com o sobretudo preto da mamãe, o vestido de listras, eu me vejo de novo cambaleando com os sapatos de salto baixo, meu primeiro salto, sinto de novo a emoção daquela primeira festa. O coraçãozinho palpitando cheio de expectativas, esta noite encontrarei o amor.

Depois da festa da Beatrice, desenvolvo uma obsessão por vestidos de festa. Torna-se meu modo de reivindicar um lugar junto a eles, a juventude do Parioli, distanciando-me cada vez mais da de Orbetello.

Só quero chifon, tafetá, tule, babados, laços, a cada festa um vestido diferente. Tenho que ser a mais elegante. Mamãe, movida por seu sentimento de culpa — talvez tenha errado em nos trazer para cá, em nos separar de papai —, pede ajuda a tia Ambra. Tia Ambra, tão elegante e refinada — quantas vezes papai não lhe disse: por que você não pede para a Ambra te ajudar com as roupas? — tia Ambra tem a solução: Roberta Felici. A Felici recebe diretamente em sua casa, em Fidene, copia direitinho os modelos das revistas. Muitos dos vestidos da tia Ambra não são originais — ela confessa — e ninguém nunca notou, na festa da embaixada do Líbano, Micol Fontana elogiou a maneira como tia Ambra estava usando uma de suas criações e, veja bem, era uma cópia.

Parioli — vila Fidene, ida e volta, quantas vezes, cem duzentas, tantas que às vezes tenho a impressão de estar naquela rua, meu eu de dezesseis anos se refugiou ali. Aquela adolescente triste, mas esperançosa, fragilíssima e agressiva, ainda existe na miragem de um novo vestido, um novo vestido

Terceira parte

187

mais bonito que o anterior, cada vez mais bonito, de todos o mais esplendoroso, brilhando no buraco negro.

Foram tantas provas de vestidos que a certa altura comecei a desenhar sozinha, e mamãe tentando me segurar: tire alguns dos laços. Eu insisto, quero que todos se virem para me olhar, que se perguntem: quem é aquela mulher elegantíssima? Desejo me destacar, ser diferente — grito nos momentos de raiva, vila Fidene-Parioli — quero ser especial — choro — quero que tudo volte a ser como era antes — murmuro baixinho, Parioli-vila Fidene — por que tudo mudou, mamãe?

Ela abaixa a cabeça, não sabe o que responder, depois desabafa com as amigas. O que foi que fez... sente-se culpada, nos arrancou do lugar em que nos sentíamos especiais, os filhos do Professor, para nos jogar em um mar aberto onde não somos ninguém... Mas, pensando melhor, será mesmo tão ruim? Reanima-se. É mais importante aprender que somos todos iguais, crescer com a ideia de ser normal, estou errada, Fiorella?

Ela se agarra a uma ética que lhe é cômoda. Minha mãe oscila entre a convicção de ter feito o melhor e o sentimento de culpa, nunca uma posição intermediária, nunca foi capaz de admitir que fez o que era possível. Ela sempre reserva a si mesma um papel de destaque, apesar de fingir o contrário. Tudo depende dela, ela sofreu, ela reagiu. Às vezes acha que fez a melhor escolha, às vezes, a pior. Impressão que pode variar no arco de um mesmo dia ou de uma noite de insônia, desde que chegou a Roma parou de dormir, duas horas no máximo.

Gianni cada vez mais silencioso, não fala nada da escola, responde às perguntas de forma evasiva, está tudo bem? Tudo bem. Apenas um pedido: anfíbios. Será que vai virar um extremista? Minha mãe confidencia a tia Stefania. Um extremista, a outra desequilibrada.

Errou ao nos levar para Roma.

Precisa nos compensar, nos consolar, nos tranquilizar.

Aí está sua menina, sentada de frente para o espelho com luzes de camarim. Aí está sua menina provinciana perdida na cidade grande, aí está sua menina imperfeita.

Mais um presente da mamãe, além do vestido. Para a enésima festa. Vou ficar lindíssima, serei a mais linda, esta noite encontro o amor, minha boca é estupenda — Gil Cagné, o maquiador das estrelas, comenta ao me olhar pelo espelho — as maçãs do rosto têm que estar em destaque.

Diga você, Gil, porque a mim ela não escuta, mamãe se intromete.

Mamãe...

Você só precisa aprender a se maquiar.

Ah, por favor, digo enquanto agarro meus próprios ombros. Pois no espelho não vejo nada de bonito. Sou uma coisa enorme, deus, como estou gorda, um ser disforme que sufoca quem eu era antes, onde foi parar aquela linda menina? Onde foi parar a Teresa Ciabatti que dava piruetas no palco do Supercinema?

Do lado de fora da loja mamãe fica repetindo como estou bonita, pareço outra pessoa, não deveria usar tanto preto nos olhos, a partir de hoje tenho que me maquiar assim, ela diz enquanto abana o papel em formato de rosto — meu rosto é oval, descobri só hoje. Devo seguir as orientações do Gil, continua: blush nas maçãs, rímel...

Eu paro no meio da via do Babuíno, paro e pego o papel da mão dela, rasgo e digo que aquela cara não é minha, aquele modelo com olhos e boca não sou eu, mamãe, não sou eu, repito, rasgando em pedacinhos o modelo do meu rosto. Eu me maquio como eu quiser, caralho, e se você

Terceira parte

não gosta poderia ter dito antes, se não gosta de mim como sou você também pode me mandar sair de casa, choro, ou até me levar num cirurgião plástico, disto sim eu gostaria, uma lipoaspiração, tchau gordura, vou dormir gordinha e acordo magra, mas isso eu não posso, por quê, diz por que não posso, soluço.

Ela não sabe o que responder, poderia me contar que papai não nos manda um centavo porque quer nos castigar, poderia me revelar que vivemos com a pensão dela e da vovó, e das joias vendidas. Fica em silêncio. É um equilíbrio precário. Uma palavra a mais poderia nos distanciar de papai, e isso ela não quer. Agora, neste exato momento, na via do Babuíno, ela não quer. Hoje à noite em casa ou amanhã no carro ela talvez queira. Depois, amanhã à noite, não quer mais, e assim por diante. Desejo que se alterna: manter-nos próximos a ele ou nos jogar contra ele. Proteger ou usar os filhos.

Choro no meio da rua e a maquiagem escorre, destruindo o trabalho perfeito de Gil Cagné, volto a ser uma menininha qualquer.

Não deveria ter vindo para Roma, ela pensa enquanto eu, com a cara toda vermelha, digo: por que ficamos pobres, mamãe?

A mais amada

7

Preciso saber quem é meu marido, pergunta Francesca Fabiani, ele não é quem diz ser. O investigador assente, vou descobrir, a senhora só precisa pagar adiantado. Aqui está, mamãe entrega o dinheiro. Ela quer saber tudo: barras de ouro, pistola, América, Ronald Reagan, Frank Sinatra, Robert Wood Johnson II, e mais: Licio Gelli, maçonaria, P2, golpe Borghese, Dante Ciabatti, e mais: sociedade petrolífera, sequestro, quero saber quem é o responsável pelo sequestro relâmpago de meu marido.

Para pagar o investigador mamãe vendeu uma cabeça etrusca que tinham dado de presente ao papai. Conseguiu trazer para Roma duas caixas cheias de remanescentes etruscos que ela mantém embalados em folhas de jornal e escondidos no teto falso, caso apareçam ladrões. Roma é perigosa, repete.

Está cada vez mais agitada, chega a ir fazer compras, voltar para casa e só na cozinha perceber que esqueceu as sacolas no supermercado. E aquela vez que voltou para casa com um vestido novo? Bonitinho, digo, e de repente ela congela: esqueci de pagar... Aperta os olhos como se estivesse revivendo a cena, não paguei, repete, saí sem pagar. Ela me pega, me põe no carro e voltamos para a loja, uma lojinha em Prati que vende roupas pela metade do preço. Entra consternada: não foi minha intenção, balbucia, eu não queria...

Terceira parte

As vendedoras ficam olhando.

O vestido, diz, fui embora sem pagar.

As vendedoras consultam uma à outra, verificam as entradas do dia, breve reconhecimento: olhe, a senhora pagou, sim.

Não, tenho certeza, levanta a voz chamando a atenção dos outros clientes. E eu morrendo de vergonha. Parece uma louca, queria calar sua boca, pegá-la pela mão e levá-la dali. Mas ela fica plantada no caixa, como se estivesse em um tribunal provando sua inocência, ela não é uma ladra.

As vendedoras tentam convencê-la de que pagou, elas se lembram bem, infelizmente não têm recibo (naqueles anos as lojas, principalmente as de nível mais baixo, não emitiam recibos). Minha mãe interrompe e repete que sente muito, sente muitíssimo, e pega a carteira, quer pagar o vestido.

Não, senhora, uma das duas a interrompe. Meninas, minha mãe começa, venho de uma família de comerciantes, tínhamos uma loja de chapéus na via dei Prefetti. A insistência das vendedoras é inútil. Está bem, não importa se paguei ou não, conclui com heroísmo, na dúvida prefiro pagar duas vezes, e dá 50 mil liras, diz obrigada muito obrigada, me pega pelo braço e se dirige à saída quando uma das vendedoras a chama, senhora, o troco, e ela responde: podem ficar com o troco, vocês são tão gentis.

Elas ficam olhando assustadas e eu sigo minha mãe, saio na rua e não olho para trás, pois lá dentro, nos olhos das pessoas que observam minha mãe, há algo que não me agrada e que não quero ver.

Em Roma a ansiedade de minha mãe aumenta. Antes ela conseguia controlá-la, vilarejo pequeno, todos se conhecem, mas agora não mais. Contrata aulas particulares de latim e grego mesmo que nossas notas sejam 7 e 8 (melhor prevenir).

Jantamos cada vez mais cedo. Às 19h30, às 19h, por fim às 18h30. Na primavera jantamos quando ainda é dia lá fora.

Lorazepam 5mg, Optalidon 5mg, por algum tempo Xanax também, mas todos juntos lhe causam sonolência, e isso ela não quer, já passou um ano inteiro dormindo, o ano da terapia do sono é o seu tormento, confessa a Fiorella: tudo poderia ter acontecido, e eu dormindo.

O que pode ter acontecido, Francesca, Fiorella atenua.

Então por que a Teresa engordou?

Eu dou mais preocupação. Gianni parece tranquilo, a criança agitada deu lugar a um adolescente calmo, talvez um pouco introvertido. Por outro lado, eu me tornei excessiva, exagerada, desesperada. Durante um tempo ela suspeita que sejam crises epilépticas. Pois me jogo no chão, bato os pés, grito. Marca consultas. Nada de epilepsia, é só uma menininha ansiosa — eu também — com distúrbios alimentares, dizem os médicos. Quinze anos, sobrepeso de 12 quilos. Mamãe tem esperança de que Roma me faça bem. Foram aqueles anos na escola secundária que me estragaram, desabafa por telefone: o Bronx, Fiorella, aquele vilarejo era igual ao Bronx... Escuto quando ela conta de Porto Ercole, das fugas, de Pozzarello, da ambulância.

E para, refletindo.

Quem chamou a ambulância? Quem abriu o portão? Só hoje ela se pergunta. Sempre pensou em Nino, Nino que foi regar o jardim, Nino que escutou a galinha. Mas seria possível que ele tivesse ido naquele dia e naquele exato momento, seria possível? Tantas perguntas nunca feitas, ou, se já feitas, quantas respostas evasivas. Assim como as barras de ouro que papai guarda na primeira gaveta da cômoda, junto com a pistola. Onde arrumou tudo isso?, ela pergunta. Mandei derreter umas quinquilharias, correntinhas, isqueiros, ele responde. Vinte e três barras de ouro, quinze quilos por barra, vinte e três barras cifradas.

Quero saber quem é meu marido: nascido em Grosseto em 4 de agosto de 1928, diretor do hospital de Orbetello, residente na via dei Mille 37, quero saber quem realmente é Lorenzo Ciabatti, Francesca Fabiani pergunta a Tom Ponzi. Um milhão de liras como adiantamento. O resto no final.

8

Mamãe decide não nos mandar ao casamento do nosso primo Aldo, filho do tio Dante, para deixar papai ir sozinho. As crianças marcaram com os amigos, uma festa bem no sábado, elas ainda estão se ambientando, procure entender, Renzo. Mente, faz de propósito, finge que foi uma escolha nossa, mas na verdade foi dela. Diz que não nos usa, nunca na vida colocaria os filhos contra o pai, nunca, Fiorella! E depois coloca.

Papai comunica a mamãe que Ambra e Giorgio foram procurá-lo no fim de semana. Ambra e Giorgio? Estavam de passagem por aqui.

E é neste momento que ele desfere o grande golpe. O golpe que fará minha mãe, Francesca Fabiani, sentir que perdeu tudo.

Você não pode, Renzo, ela tenta, por telefone.

Está acima de nossas possibilidades, ele replica, só o dinheiro da piscina...

Fui eu que sempre a limpei, joga na cara, skimmer, cloro.

Não podemos mais bancar uma piscina.

Está mentindo, mamãe sabe. Ambos mentem, sempre. Agora minha mãe sabe que a maldade de meu pai é maior que seu amor-próprio, pois se trata da casa que ele construiu, cômodo por cômodo, quarto principal com varanda independente — ao engenheiro — cozinha ao lado da piscina, pórtico, aqui embaixo sofá e poltronas de vime — a ela, sonhando — salão com janelões para o mar, tudo aberto, mais aberto, mais um pouco — ao empreiteiro — como se estivéssemos sobre a água.

Agora mamãe entende que para machucá-la ele está disposto a abrir mão, a perder o que é seu. Sacrifica-se para nos destruir. Ou será que realmente está com problemas financeiros?

O valor de mercado de Pozzarello é de 6 bilhões. Minha infância vale 6 bilhões de liras. Acho pouco, não queria vendê-la, queria que fosse minha para sempre, imploro, choro, vamos fazer assim, papai, espere até eu ficar famosa que te dou esses 6 bilhões, eu juro...

Meu pai aceita uma oferta de 1 bilhão. Por quê? Mamãe tenta impedi-lo, coloque a casa em uma corretora. Ele que nunca quis alugá-la (nem no verão em que Angelo Rizzoli ofereceu 40 milhões por um mês), que nunca quis alugá-la para filmagens publicitárias (três dias de filmagem, Professor, 60 milhões de liras por três dias), ele que em resposta às ofertas que chegavam ano após ano — três, quatro, cinco bilhões — sempre dizia: não está à venda. E como se sentia forte quando desligava o telefone: tinha acabado de recusar 5 bilhões, e eu ainda criança ria sentada no degrau, puff, 5 bilhões, pouquíssimo, e me sentia onipotente, para sempre em segurança.

Você não pode aceitar 1 bilhão, mamãe tenta convencê-lo.

O que você está achando, responde, aqui ninguém mais tem dinheiro.

Infância de Teresa Ciabatti: 1 bilhão.

Meu pai assina a venda no dia 3 de setembro de 1988.

Se na época ele soubesse o mal que estava fazendo para mim, para Gianni nem tanto, que não ligava mais, para mamãe também não, que a essa altura odiava Pozzarello, se ele soubesse que para o resto da vida eu continuaria sonhando com a casa da minha infância, toda noite: eu entrando embaixo d'água criança e saindo adulta, meu marido sentado na borda pegando minha filha, coloque a boia, amor, coloca você vovó, minha mãe que aparece vindo da cozinha, vem você também, grito para meu pai, e Gianni no trampolim gritando para a sobrinha: te ensino a mergulhar de cabeça, e ela que se vira para mim com os olhos emocionados: posso, mamãe? Essa criança somos nós, eu, meu irmão, minha mãe, meu pai, minha filha. Todos juntos em uma única criança, posso, mamãe?

O presente sobrepondo-se ao passado e um sentimento de falta ao acordar, um sentimento de braço amputado, de fantasmas que voltam e depois desaparecem. Pois bem, se meu pai soubesse que eu ficaria obcecada pela minha casa até encontrá-la, vinte anos depois, pensar em comprá-la, pensar em renunciar a tudo, fazer um empréstimo para ter minha infância de volta, se ele tivesse ao menos imaginado, será que mesmo assim a teria vendido?

Quem a comprou? Uma sociedade. Com tudo o que era nosso dentro: velhos brinquedos, lembranças de viagens, desenhos, diários secretos. Pronto, não quero que ninguém leia meus diários secretos, deixe-me ir pegá-los.

Não é possível.

Roupa de cama, quadros, quadros de um certo valor, um retrato da mamãe, móveis antigos. Tudo.

Quem assinou foi o procurador, um político está por trás. Dizem que é Forlani, outros, que é Malfatti. Ou De Michelis.

Com a casa, também a família se dissolve. Alguém, criança rapaz homem, roubou nosso passado.

Em meus sonhos estou lá de novo. Mamãe mamãe, escuto a vozinha ao longe. Uma voz enterrada que vem do cesto de brinquedos. Procuro, mamãe mamãe, e a encontro no fundo do cesto. Acho minha boneca, que diz mamãe sem que ninguém aperte sua barriguinha. Ajoelho, choro, eu a encontrei, minha menina, enquanto ela repete mamãe mamãe por conta própria e respira, durante todos estes anos esteve ali, no fundo do cesto, viva, uma menina de verdade.

Francesca Fabiani não sabe como frear a ruína. Papai vende, revende, chega a dar de presente. Empresta dinheiro, cem milhões a um jovem médico passando dificuldades, dá apartamentos de presente, não se sabe para quem. Mamãe descobre, mas não nos conta. Não quer nos assustar. Eu já ando bastante confusa. Engordo, choro, tenho crises de pânico, me machuco, me tranco no banheiro, grito, engordo.

Quem comprou? Continuo perguntando, quero saber, preciso saber quem está penteando os cabelos da minha cabecinha!

Seja quem for, comete um erro. Mantém o mesmo número de telefone.

Alô, é da casa dos Ciabatti?

Não é mais a casa dos Ciabatti.

Tudo bem vender o casarão, tudo bem que tenha sido por 1 bilhão, tudo bem tudo, desde que o dinheiro seja reinvestido para as crianças, pede minha mãe. Uma casa em nosso nome. Papai não promete nada, 1 bilhão parece muito mas na verdade é pouco, o que ela está achando?

Errou, mamãe pensa de novo. Deveria ter resistido, suportado, era seu dever de mãe, agora as crianças não têm nada, só ruínas. Ruínas de casas, de dinheiro, de amor. Com Fiorella, desespera-se. Depois retoma as forças, se é uma guerra não pode fugir do combate, um pouco de esperteza, Francesca Fabiani, finja, esconda o ódio, pois é isto o

que ela sente hoje por Lorenzo Ciabatti, puro ódio, queria
vê-lo morto... não morto de verdade, cai no choro de madrugada, morto nunca... queria que voltasse a ser como antes,
não era felicidade, mas era uma espécie de felicidade, revi-
ra-se na cama, não consegue dormir, não tomou o compri-
mido, ou tomou?

Erra a medicação. Há dias em que pensa que já tomou
os remédios e acaba não tomando nenhum, há dias em que
os toma duas vezes, ou três, quando está na dúvida se já os
tomou ou não. Aturdida, liga para o investigador: novidades?
Seria bom segui-lo, sugere, preciso de notícias sobre possíveis
traições, qualquer coisa é útil para a separação.

Eu a observo. Tudo nela me irrita. O jeito descuidado de
se vestir, os sapatos sem salto, as pálpebras caindo, o fato de
não usar joias — só a aliança, ela continua usando a aliança
— o jeito frenético de falar, as mãos pequenas, a voz rouca
que pega o telefone da cozinha quando estou falando com
algum rapaz e diz: tenho que fazer um telefonema, desligue.
Eu desligo e vou furiosa até ela gritando, caralho, como você
pôde fazer isso. Ela me encara com aqueles olhos mansos —
não acreditem nesses olhos, queria gritar para todo mundo
— e diz que precisa ligar para o contador, e eu me aproximo
apontando o dedo de um jeito ameaçador, você quer é ligar
para o investigador, eu sei.

Eu sei porque também pego o telefone e escuto trechos
de conversas dela. Sei que ela manda seguirem o papai, quer
descobrir seus segredos para poder chantageá-lo, eu sei tudo,
e me dá nojo, essa mulher me dá nojo, grito.

Mamãe me sacode, você não sabe de nada.

Você tem que deixá-lo em paz, dou-lhe um empurrão.
Deixa meu pai em paz, seguro o braço dela, ai, ela me segura
pelos ombros, do que você está falando, eu a jogo na parede,

ela me pega pelos cabelos, eu consigo me soltar. Uma por cima da outra dá para notar a diferença de altura, há pouco tempo passei dela, fiquei pelo menos três centímetros mais alta. Ela me olha com raiva: não deu para entender que ele é uma bicha, seu pai sai com outros homens.

Fico sem ar, não é verdade, sussurro, me jogo no chão, choro, não é verdade. Bato os pés.

Se não é uma crise epiléptica, é só o jeito de chorar de uma criança. Ela vem para cima de mim e segura meus braços. Me solta, esperneio. Sua mentirosa, choro. Me contorço, ela tenta me sedar como se eu fosse mesmo epiléptica. Calma, fica calma, repete. Eu continuo esperneando e começo a bater a cabeça no chão. Está tudo bem, Teresa, ela fala baixinho, está tudo bem, meu amor, eu não paro de bater a cabeça, a mamãe disse uma coisa feia, ela sussurra devagar, eu menti, me perdoa, agora ela também está chorando.

A mais amada

9

Gianni tirou sete no teste de matemática, eu tirei oito em filosofia, temos amigos, eu tenho uma amiga que é uma graça, o que você pensa, Renzo, ela é neta... Mamãe fala com papai como se não tivesse acontecido nada, nenhuma guerra, nenhuma casa vendida. Mudou de estratégia, quer voltar a usar a cabeça. Fala como se quisesse recuperar o pai dos filhos. Na verdade, quer recuperar o patrimônio.

Convida-o para vir a Roma: pode ficar para dormir se quiser...

Desde que nos mudamos ele veio apenas duas vezes. Não pode deixar o hospital, que sem ele corre o risco de fechar. Por outro lado, nós temos escola, amigos, festas, não podemos ir a Orbetello, mesmo que, para dizer a verdade, ele não nos peça para ir, mas quem se importa, quem se importa com o vilarejo, com o povo de lá, com ele, eu queria poder gritar: sabe o que eu digo quando me perguntam de onde sou? De Siena. E sabe por quê, papai? Porque tenho vergonha de dizer que sou de Orbetello.

Via dei Monti Parioli 49a. Chega no fim da manhã. Terno e sobretudo escuros. Anel de safira no dedo, como sempre.

Senta-se no sofá. Nós ficamos indo e vindo de nossos quartos. Felizes com sua chegada, mas determinados a continuar com nossa vida, desculpe papi, hoje vou encontrar a Eleonora; eu tenho inglês.

Ele fica no sofá vendo tv. Cotovelo apoiado no braço do sofá, pernas cruzadas. Às vezes pega no sono. Francesca, vem cá, murmura vovó... Abre um pouco a porta para lhe mostrar papai cochilando, uma tentativa de provar que ele é inofensivo, e não malvado, como ela pensa, inofensivo e cansado, pobre Renzo. A vovó, que sempre fora hostil com nosso pai, desde que estamos em Roma mudou de ideia: é um bom homem, profissional estimado, não precipite as coisas, Francesca.

Vendo-o dormir, mamãe chega a pensar que sim, que vovó tem mesmo razão, que apesar das brigas eles se amam, esta é a verdade. Não importa que nos últimos quatorze meses não tenham feito amor, nem se beijado, não importa que ele a tenha traído — mil vezes, ela sabe — não importa que a tenha machucado tanto. Ele acorda, a vê, ela abaixa a cabeça, desculpe desculpe, e fecha a porta.

La fora, a primavera dá sinais. As árvores do bairro estão ficando verdes. É bonito aqui, nem parece Roma.

Dia 5 de maio, nosso aniversário.

Ao voltar da escola, o encontramos: papai papai! Por que não avisou? Oh, papai! Como você veio?

Nino veio dirigindo.

Diga para ele subir.

Mudamos de assunto e no mesmo instante nos esquecemos de Nino, que fica até de noite esperando no carro.

Feliz aniversário, crianças. Mamãe está comovida. Sabia da surpresa, aliás, foi uma ideia sua, mas inicialmente papai havia dito vou pensar. Por dias não disse nada e ela tinha perdido as esperanças, mas na última hora ligou: estou indo. Ela não se lembra de ter ficado tão feliz nos últimos tempos.

Quando colocou o gancho no telefone da cozinha, precisou se fechar no banheiro para que não a víssemos. O coração batia forte, os olhos cheios de lágrimas. Disse a si mesma: eu o amo. Ainda amo meu marido, e tudo voltará a ser como antes. Depois, viu uma mulher envelhecida no espelho. Cinquenta anos que pareciam sessenta. As pálpebras caídas, a pele espessada, os cabelos escuros demais por causa da tinta que ela usou sozinha para cobrir as raízes, se não pintasse os cabelos estaria completamente grisalha.

Agora, com todos sentados à mesa, seus olhos continuam brilhando. Não faça drama, ela se segura, melhor não interpretar esta reunião de família como um retorno. É apenas um momento.

Vovó entra e sai da cozinha: quer um pouco de vinho, Renzo? E me manda comer primeiro a verdura para encher o estômago, eu respondo: não me enche o saco. Uma família. Somos de novo uma família.

Parabéns a vocês, parabéns a vocês! Chegam os bolos. Velinhas cor-de-rosa para mim, velinhas azuis para Gianni.

Parabéns a estes filhos maravilhosos, mamãe cheia de retórica, eu e papai não poderíamos desejar filhos melhores. Nunca poderíamos imaginar, comove-se, nunca poderíamos pensar...

Mamãe, Gianni a interrompe.

Vamos soprar, ou as velinhas se apagam.

Agora que vocês são maiores de idade, papai começa a falar, solene.

Maiores de idade?

Dezoito anos.

Dezesseis.

Meu pai não sabe quantos anos estamos fazendo. Ah sim: dezesseis, dezoito, quase a mesma coisa.

Terceira parte

Não é quase a mesma coisa, nada, penso comigo mesma, e certamente Gianni também. Não é igual, nada. Com dezoito anos você pode ter carteira de motorista, com dezoito anos você pode sair de casa — e juro que eu saio, faço dezoito anos e vou embora, vocês não vão mais me ver — com dezoito anos você pode transar, penso, e não por uma questão de idade, mas porque acredito que com dezoito anos não serei mais a gordinha que sou hoje e vou transar, transar, vou transar na tua cara, papai. Com dezoito anos você é adulto. E nós não somos adultos agora, abaixo a cabeça, me dá vontade de chorar, ainda somos novos, não crianças, mas também não adultos, faltam dois anos, você sabe o que dois anos significam na vida de um adolescente?

Mamãe quebra o embaraço: papai veio de Orbetello, cento e noventa quilômetros, deixou o hospital por vocês. E ainda nos trouxe presentes.

Abrimos os pacotes. Mamãe está pensando, reconheço em seu olhar: deveria ter ficado. É um bom homem, pai generoso, marido afetuoso, mesmo sendo infiel, mas o que importa? Eu deveria ter aguentado. Mamãe agora olha sua família do alto, na sua cabeça é do alto, como se estivesse morta, ela diz com frequência quando eu morrer... gosta de imaginar as coisas após sua morte, às vezes para nos causar sentimento de culpa, preocupação: se eu morresse, acabaria o incômodo. Eu a seguro pelo pulso, aperto forte: então morra.

Ninguém me dá nos nervos como ela. A única pessoa na vida que me fez perder a cabeça, reagir, gritar, estrebuchar, agredir.

O que é?, pergunto com o presente nas mãos. Uma faca de sobremesa, olhe a decoração. Uma faca para mim, um abridor de cartas para Gianni. Tudo de prata.

Eu e Gianni resmungamos um obrigada, sem saber se era uma brincadeira ou não. O almoço acaba, fugimos para nossos quartos. Eu ligo na hora para Eleonora: ah, se você soubesse, ele me deu um colar da Bulgari, meu pai é assim, me adora.

Agora sozinhos, vovó arrumando a cozinha, minha mãe enfrenta meu pai.

Como você consegue?

O quê?

Reciclar presentes para seus próprios filhos.

Ele dá de ombros.

Nenhum esforço para comprar algo para eles.

Comprei no Cocchia.

Quem se importa, não é mesmo? Somos só marionetes.

Pare com isso.

Você não está nem aí para eles.

Ela vira os olhos para o teto.

Ela parte para cima dele, como um homem. Homem a homem. Quem é você, caralho, me diz.

Você não está bem.

Essa sociedade com Boero, continua, agora com a voz embargada.

Você está criando coisas na sua cabeça.

Eu quero saber.

Ele se cala, tentando não perder a paciência.

A casa de Pozzarello vendida, tudo desaparecendo, diga, por que você nos odeia tanto, Renzo?

Ele continua em silêncio.

Para quem está dando dinheiro, hein? Para suas amiguinhas, seus amiguinhos...

Ele se levanta. Vou embora.

Ela tenta segurá-lo. É o aniversário das crianças.

Ele pega o sobretudo.

Você não pode ir, ela muda o tom. Por favor, Renzo, implora.

Terceira parte

205

Ele vai em direção à porta.

Fique, ela tenta de novo. O que foi que ela fez, meu deus, o que foi que ela fez, é culpa dela, tudo culpa dela. Ele abre a porta e vai embora, ela fica confusa, perdida. Estragou o aniversário dos filhos. Por causa de suas frustrações, e reivindicações, e paranoias, tirou o pai dos filhos. Está criando dois órfãos, é isso o que ela está fazendo. Queria pedir desculpas a seus filhos, mas como? Como explicar o que pensa e do que desconfia, o que tem sido esses anos todos? Como conseguir explicar que o pai deles talvez seja o mal, às vezes o mal, às vezes o bem. De fato, não nos explica. Mais tarde, diz que papai teve que ir pois tinha um compromisso. A sociedade petrolífera.

10

Outubro de 1989, Grosseto, seis da tarde, tudo escuro, o vento levantando poeira, folhas e papel velho. Não é verdade que aqui é sempre verão, Francesca Fabiani pensa enquanto olha os telhados, mais ao alto desponta o edifício Ciabatti, onde se casaram... afasta o olhar para o outro lado da cidade, para a luz clara dos lampiões, parece uma festa — o que são aquelas luzes, papai? O campo esportivo. Nada é o que parece, ela pensa enquanto sobe as escadas do escritório de advocacia Faccendi, precisou se sentar. Uma pequena vertigem.

Sente o vento em seu corpo, nada permanece solidamente ancorado. Tudo pode se dobrar, voar: árvores, bancos de praça, o escorregador do parquinho, os balanços, seus cabelos, os documentos da separação, as cópias de nossos passaportes, Gianni Ciabatti, nascido em 5/5/1972. Orbetello (Gr). Estatura: 170. Cor dos olhos: castanhos. Sinais individuais: nenhum. Teresa Ciabatti, nascida em 5/5/1972. Orbetello (Gr). Estatura: 160. Cor dos olhos: castanhos. Sinais individuais: nenhum.

Está tudo bem, senhora?, pergunta a advogada.

Ela não responde, os olhos entreabertos e uma sensação de enjoo que vai do estômago até a garganta. Respira. Não é verdade que aqui é sempre verão. Agora, por exemplo, aquele arbusto arrastado pelo vento parece um esqueleto.

Terceira parte

Depois de tanto evitar o assunto, ameaçar e adiar, meu pai e minha mãe decidiram se encontrar com os respectivos advogados. Acordo preliminar, separação, divórcio. Faccendi acompanha mamãe e a advogada Cutolo até sua sala, que prazer te rever, Francesca, e os meninos? Renzo está um pouco atrasado, um acidente na via Aurelia, um rapaz, mas já quase acabou, muitos jovens naquele maldito trecho da Aurelia...

Mamãe sabe que papai chegará implacável. Porém, está confiante no efeito-surpresa: ela não pretende pedir muito, considerando o patrimônio dele — mais ou menos, pois nunca soube exatamente — enfim, levando em consideração prédios, hotéis, casas, salário, ela quer fazer exigências mínimas, nada de excessivo: uma casa em nosso nome e uma pensão alimentícia moderada. Tais exigências o deixarão apaziguado, ela tem certeza, surpreso, quase enternecido, levando-o, quem sabe, a se perguntar, à noite, na casa vazia de Orbetello: o que será de meus filhos? E então dará mais do que o acordado, um gesto espontâneo que reforçará nossa relação, até porque: por quem ele trabalha? Por quem ele acumula todo este enorme e inestimável patrimônio senão por nós?

Desculpem o atraso, papai chega, aperta a mão da advogada, a de mamãe, cumprimenta Faccendi acenando a cabeça. Tira o sobretudo escuro, acomoda-se na poltrona de frente para a escrivaninha. Pega um cigarro, me passa o cinzeiro, Marcello?

Começam as negociações.

Deixam a pensão alimentícia por último. Começam com os imóveis: com a venda de Pozzarello mamãe pede um apartamento em meu nome e de Gianni. Faccendi rebate: infelizmente, entre impostos, cartórios, corretores imobiliários (mas não tinha feito sem corretor?), sobrou pouco dinheiro.

Gostaríamos de ver o contrato de venda, pede a advogada. Claro, claro, Faccendi lhe passa o documento.

Nada por fora?, pergunta minha mãe, que sabe muito bem que papai compra e vende colocando o mínimo nos contratos, e o resto não declarado.

Não podia, é uma sociedade, tem um político por trás, foi tudo oficial, assegura papai.

Então, retoma Faccendi, considerando os gastos e dívidas, sobra pouco.

Que dívidas?, pergunta mamãe. Choque, confusão, medo.

Faccendi fica sério, endireita as costas. Renzo acumulou muitas dívidas com a sociedade petrolífera.

Ansiedade, areia movediça, terror. Mamãe vira-se para papai, como que pedindo que a tranquilize, diga-me que não é verdade, diga-me que é uma brincadeira. Que dívidas?, repete.

Ele confirma, dívidas.

E os prédios em Grosseto? Ela fica agitada, adeus calma. E o Hotel Lorena? Os terrenos? A torre, ela sabe muito bem que ele tem uma torre na região de Talamone, e explode, sabe quanta gente já disse que linda a torre do Professor, quanto vale a torre do Professor, e ela calada, fingindo que não era com ela, se ele não queria dizer a ninguém, ela se mantinha calada.

Foi tudo vendido, rebate Faccendi, enquanto papai bate o cigarro no cinzeiro. Sempre chega no limite das cinzas, consegue segurá-las em equilíbrio, mãos de ouro as do Professor.

Podemos ver os documentos?, arrisca a advogada.

A situação é complexa, explica Faccendi, algumas são cessões aos irmãos internas a várias sociedades, transferências que não foram formalizadas. Renzo tinha feito dívidas até com Umberto e Dante.

O que sobrou?, pergunta mamãe.

Terceira parte

Faccendi balança a cabeça: nada.

Respira, respira. Mamãe se agarra à última esperança: a conta na Suíça, alguma coisa deve ter ficado por lá. Papai sempre mandou o dinheiro grosso para a Suíça, ela sabe, mesmo que nunca tenha perguntado quanto ele tinha, farejava uns 10 bilhões.

Que conta?, pergunta Faccendi.

A conta na Suíça, ela repete virando-se para papai.

Não tenho contas na Suíça, mente.

Por que, sussurra mamãe, por que esta guerra, Renzo? A voz dela embarga, está prestes a cair no choro.

Ao invés de rebater tem, sim senhor, quantas vezes você disse isto eu mando para a Suíça, no dinheiro da Suíça ninguém toca, minha mãe, ansiosa, amedrontada, vítima, se cala. Aperta os braços da poltrona, e respira. Está bem, repete, então solicito que a casa de Orbetello passe para o nome dos meninos.

E eu vou para onde, para debaixo da ponte?, ele reage.

Atualmente Renzo é proprietário exclusivamente do imóvel situado à via dei Mille 37, Orbetello, enfatiza Faccendi.

Por que esta guerra? Minha mãe novamente se pergunta, mas desta vez só em sua cabeça, só em sua cabeça.

Silêncio, constrangimento. Papai acende outro cigarro. O método revolucionário do ímã nas orelhas não deu resultado. Voltou a fumar quatro maços por dia.

Vamos acertar a pensão alimentícia, diz a advogada. A senhora Fabiani solicita 3 milhões por mês.

Agora: meu pai ganha dez, sem contar a entrada dos dividendos das várias empresas e a dos aluguéis, presumindo que as casas ainda existam, presumindo que ele não as tenha realmente passado aos irmãos — quantos prédios ele tem em Grosseto? Mais de cinquenta apartamentos e vinte lojas, ela acha, mas não sabe o número preciso. Mas digamos que sejam verdadeiras as palavras de Faccendi, digamos que seja verdade que Lorenzo Ciabatti não tem mais nada, e consideremos apenas o salário de cirurgião-chefe. Três milhões de dez é uma solicitação modesta.

No entanto: sua solicitação é impraticável, Francesca, replica Faccendi. Por conta das dívidas, mesma coisa, por conta das dívidas, diz. Vago, genérico.

A advogada contesta que é preciso ver os documentos que comprovam as dívidas e a venda das propriedades.

Os documentos, papai dispara, eu estou na miséria.

Enquanto isso, Faccendi mostra outros papéis. Extratos de contas. Monte dei Paschi di Siena, Banca Etruria, Banca di Roma, Banca Nazionale del Lavoro, Credito Cooperativo Fiorentino. Cem mil liras em cada conta.

Mamãe olha um por um, e então levanta o rosto, por quê? Pergunta novamente, já sem tanta certeza. Talvez seja tudo verdade, talvez Renzo esteja falido. Talvez ela devesse estender-lhe a mão.

Entretanto, olha-o sentado na poltrona. Relaxado, taciturno. Talvez rendido? A rendição de um homem que perdeu tudo.

Ela não sabe em que acreditar. Nunca soube exatamente quanto ele tinha: dinheiro, imóveis. Estão em regime de separação convencional de bens, o primeiro pedido feito por ele antes do casamento, tem as empresas com os irmãos, as propriedades em comum, tente entender, Francesca...

Através dos anos foi colhendo trechos de conversas: prédios, hotéis, terrenos... e agora? O que sobrou? Nada, ou talvez tudo, mas tudo escondido. Ela não sabe o que fazer, precisa consultar sua advogada, tomar tempo, talvez pressionar o investigador. Não esperava uma tal catástrofe (ou vingança). Mas resiste. No escritório de Faccendi ela não desata a chorar, não se enfurece, nem ameaça. O encontro termina

Terceira parte   211

civilizadamente, apertos de mão, o compromisso de trazer a documentação completa, boas intenções para chegarem ao melhor acordo para os filhos.

Quando meu pai e minha mãe se cumprimentam, ela diz: não fume demais.

Está confusa. Precisa pensar.

E o faz na viagem de retorno Grosseto-Roma, e nos dias que seguem. Reflete: a certa altura alguma coisa deve ter acontecido, a Termomac, e ele foi obrigado a vender Pozzarello. Minha mãe pondera, afinal, papai nunca teria vendido aquela casa por um sexto do valor.

Se o que ele diz é verdade... talvez não tenha sido 1 bilhão, talvez tenham sido 6, e ele escondeu tudo na Suíça. Talvez — mamãe chega a pensar, revirando-se na cama — talvez não a tenha vendido, talvez ainda seja sua e sabe-se lá quem ele colocou lá dentro. Uma amante, um político, um mafioso. No vilarejo dizem: o Professor ajuda foragidos com nome falso, líderes da camorra, gente de prestígio. Deixa-os no hospital por um tempo, quarto individual, depois os libera.

Ou talvez não, Francesca, talvez seja verdade. As contas esvaziadas, a casa vendida. Um bilhão.

Alô, posso falar com a Teresa?

Que Teresa?

Ciabatti.

Esta casa não é mais dos Ciabatti.

Esta casa não é mais dos Ciabatti.

Não é mais dos Ciabatti.

E a mãozinha do outro lado põe o gancho no telefone em forma de gato.

11

Minha mãe novamente diante de Tom Ponzi: quero saber se a história das dívidas é verdadeira.

A melhor solução, sugere o investigador, seria colocar uma escuta na casa de Orbetello, o que a senhora acha? Mamãe hesita. Não tanto pelo medo de papai perceber, mais pela infração. Ela nunca fez nada parecido, a não ser quando encarregou meu primo Giulio de seguir meu pai para descobrir aonde ia, ou quando era jovem e roubava batons, ou quando leu meu diário secreto para entender o que estava me acontecendo, interpretando o *fizemos na escada* como a confissão de uma transa, quando na verdade era só um beijo sem língua, e quem consegue explicar, eu tinha doze anos e acreditava que fosse possível engravidar com um dedo.

A mulher leal hesita diante da proposta do investigador. Pela imagem que tem de si mesma, pela pessoa imaculada que acredita ser (mas não é, você adoraria ser mas não consegue, então regride e fica furiosa, vingativa, má, como todos nós, mamãe).

A mulher correta vacila.

Depois pensa em nós. Ao mal que papai está nos infligindo. Pensa no sonho que lhe contei no banheiro, sentada na borda da banheira, enquanto ela lavava os cabelos na pia (desde que estamos em Roma não foi mais ao cabeleireiro, ah, a boa mulher): estou em Pozzarello — contei — um homem entra no meu quarto e se enfia em minha cama, mamãe, está escuro, não dá para ver nada, ele vem em cima de mim e me comprime...

É um sonho, só um sonho.

Mas será que foi só um sonho, Fiorella?, mamãe murmura ao telefone, aterrorizada. Naquele ano, o ano da terapia do sono, qualquer coisa pode ter acontecido, ela não estava presente, ela estava dormindo. Então sua raiva cresce, uma raiva violenta que a torna fortíssima.

Os acontecimentos.

O que acontece no dia em que minha mãe vai a Orbetello ela conta de forma fragmentada durante os anos, com fúria — veja quem era seu pai! — arrependimento — poderia tê-lo perdoado — às vezes desespero — se eu soubesse que faltava tão pouco...

Pois bem: ela chega ao vilarejo na hora do almoço. Na hora em que não há ninguém pelas ruas. Ninguém pode vê-la. Ele almoça no restaurante em frente ao hospital, depois volta ao trabalho. Ou no escritório, de onde faz e recebe telefonemas. Os telefonemas... se pudéssemos ouvir seus telefonemas, saberíamos quem ele realmente é. Nino, que há vinte anos passa os telefonemas da portaria ao Professor, sabe muito. Se ele abrisse a boca, mas jamais o fará.

Mamãe colocou um chapéu exagerado cobrindo os olhos. Via dei Mille 37. Respira, Francesca, é o seu futuro.

Abre o portão e entra. Respira, respira, primeiro obstáculo superado.

Escadas, portãozinho, escadas internas.

A última vez que entrou na casa de Orbetello quando terá sido, há sete meses. Titubeia, ele pode ter jogado coisas fora, até as fotos emolduradas. Pode ter mudado os sofás, reformado os banheiros, sempre odiou banheiros florais, pode

A mais amada

ter tirado a cama de casal. Mamãe está preparada. Vai aguentar, não vai se deixar levar pelo desconforto da destruição. Chegou ao salão, respira. Fecha e abre os olhos. Impressão ou realidade? Fecha e abre os olhos. Realidade: tudo está como ela deixou, observa com um arrepio que poderia ser de raiva, ou talvez repulsa, ou até ternura. Tudo em seu devido lugar, os sofás verde-musgo, a mesa de cristal, a cristaleira, os livros de arte doações de bancos, as fotos. Fotos de nós quando crianças espalhadas aqui e ali, olha aquela da primeira comunhão-crisma: ela, papai, eu e Gianni do lado de fora da igreja. Papai com uma mão no meu ombro e a outra na cintura da mamãe, e ela com ambas as mãos apoiadas nos ombros de Gianni. Unidos como uma única pessoa. Os Ciabatti. Professor e família.

Mamãe volta àqueles dias... ao pedido de fazer comunhão e crisma ao mesmo tempo (dom Divo, implorou, é pela vó Jole, está morrendo que quer vê-los crismados), à resistência de dom Divo (não é possível mesmo, doutora) em poucos dias derrubada pela intervenção direta do bispo: sim para comunhão e crisma dos filhos do Professor! Mamãe volta àquela época, às risadas da vó Jole, tida morta pela segunda vez, e, no entanto, viva e com saúde, vovó Jole que durante o almoço de comunhão-crisma me puxa de lado e diz: eu sei que você fez amor, me olhando nos olhos. Estou com oito anos.

Mamãe agora está aqui e precisa colocar a escuta. Embaixo da mesa, no meio dos livros, na cômoda, foi o que o investigador aconselhou. Não dá tempo de terminar o giro pela casa. Sobe as escadas para ir ao quarto dele, também continua como antes. A cama de casal, onde ela não dormia mais há quinze anos, a poltrona, o homenzinho de madeira onde ele apoia o terno de noite para não amassar. A cômoda. Hesita. Imagina-o descobrindo a escuta, imaginou a cena a viagem toda de Roma a Orbetello. Uma cena que permanece diante de seus olhos contra sua vontade. Ele abre a cômoda e encontra o que está na gaveta, e entende. Sabe quem foi, só pode ter sido uma pessoa. E desaparece. Corta relações conosco, não atende mais o telefone. E nós, filhos, choramos, queremos papai, mas agora não tem mais jeito. Por culpa dela, da mãe, tudo é culpa dela.

Pensamento fugaz que o rancor logo anula, relembra as cartas anônimas antes do casamento, relembra aquele presente estranho, o passarinho morto, alguma coisa ele queria dizer, alguém estava dando um aviso a ela: pare agora, era a mensagem. Não, não era inveja, como papai dizia, não era maldade de gente do vilarejo, como explicavam no hospital, o Professor tem muita visibilidade e as pessoas são invejosas. Não era isto. O passarinho não era uma ameaça, era a salvação. Alguém estava tentando salvá-la, e ela não quis ser salva.

No quarto de vestir também está tudo igual, seus vestidos de noite ainda pendurados. Não pensou em levá-los para Roma, por esquecimento ou despeito, para que toda manhã, ao entrar ali e olhar para cima, ele se lembrasse da jovem namorada que ele destruiu. A jovem de vestido verde-limão que ia para a festa da Aeronáutica, a jovem na praia de Pozzarello, os faróis dos carros iluminando-a intermitentemente, de frente para o mar, e a fileira de luzes ao fundo, galáxia remota (o que são aquelas luzes? Orbetello, são as luzes de Orbetello).

Passado, respira, respira, pretérito imperfeito. Desviando o olhar da barra do vestido verde despontando para fora da capa plástica, mamãe nota uma sacola no chão. As alças amarradas com um laço, marca Fendi. Um presente. Pelos cantos olha o que tem dentro: um casaco de pele. De vison. O coração pula, a respiração para.

A mais amada

Ele tem outra. Ela sabe das traições, conseguiu descobrir até quem eram, com quais mulheres — a proprietária da loja de roupas, a dona do restaurante, a mulher do amigo, a corretora de imóveis — ela percebia pelo modo de ele brincar, pequenos gestos de intimidade que se permitia, a mão no braço, um tapinha no rosto, ainda que nenhuma tenha ameaçado sua posição de esposa. As mulheres iam e vinham. Relações breves, clandestinas. A esposa permanecia, traída, chifruda, mas sempre esposa. Até aparecer este casaco de pele, para ela a prova de que não é mais como era. Ela de repente se dá conta de que é o fim. Não há mais como recuperar nada, pensa, confusa.

O casaco de pele é o fim. Agacha-se no chão, joelhos no peito, mãos cobrindo o rosto, e chora como uma adolescente, como eu, a filha, poderia chorar. Hoje ela é todas: esposa, mãe, filha. Esposa, mãe, filha traída. Concentrada em sua dor, não escuta a porta do andar de baixo se abrir, não escuta os passos, não vê nem mesmo a sombra que se forma sobre seu corpo. Minha mãe continua chorando. Enxugando os olhos com as palmas das mãos.

O que você está fazendo aqui?, ressoa a voz.

Ela pula de susto, olha para cima e o vê, imenso, um gigante, os olhos fixos, expressão séria, tão séria que ela chega a pensar que poderia matá-la, vai matá-la agora, chega a sussurrar: não me machuque (essa voz estridente é dela, essa voz de criança).

Durante dezesseis anos meu pai nunca levantou a mão para minha mãe. Nunca foi violento. Aliás, a partir de certo ponto passou a não a tocar mais. Tantas vezes ela desejou um tapa, o desafiava, passava por cima dele, que lhe metesse a mão, e nada, nunca. Ele virava as costas e ia embora.

Não me faça mal, minha mãe murmura, aos prantos. Agachada no chão do closet, não me machuque.

O que acontece é rápido e inesperado. Como a reviravolta de um filme. Chove torrencialmente e você fecha os olhos, Francesca, agora volta a abri-los e não está mais chovendo, sobre você há um céu iluminado. E você está viva, está viva, ele te deixou viver. Ele sorri e diz: que boba você é. Aponta a sacola e protesta de um jeito doce: estragou a surpresa.

Ela não reage. Talvez tenha entendido mal. Olha-o, perdida.

O casaco de pele, diz ele, era para você.

Em vez de perguntar por quê, qual é o sentido disso, ela volta a chorar, desta vez comovida (ou talvez só a sensação de ter sobrevivido). Levanta-se, o abraça, ele lhe dá um tapinha nas costas, esse jeito dele, ela sabe, não é um tipo expansivo.

Mamãe abre a sacola e pega o casaco, como é macio, a coisa mais linda que ela já viu na vida, quem poderia sonhar com um casaco de pele assim, e tira o casaco, por baixo está de calça e sapatos baixos, parece uma pobretona, sabe como ele odeia seu jeito desleixado, então cobre-se rapidamente com o casaco, e determina: fica bem com sapatos de salto alto. Olha-se no espelho, meu deus, e fica na ponta dos pés, que maravilha, e já não vê mais a si mesma, vê a mulher do Professor de novo. Tudo se acerta, tudo voltará a ser como antes.

É muito longo, sim, chega a seus pés, tem que usar com salto alto, repete, tentando levantar mais um pouco a ponta dos pés. Que vison fantástico.

Zibelina, corrige.

Mamãe fica atônita, um casaco de zibelina Fendi, quanto será que pagou.

Quarenta e cinco milhões.

Não dizem mais nada. Ela não pergunta por que ele voltou para casa àquela hora (alguém deve tê-lo avisado, pensará depois). Ele não pergunta o que ela estava fazendo, nem a convida para ficar. Fizeram as pazes, certo? Agora ela poderia ficar em Orbetello, passar o dia com ele, ou talvez só a noite, uma noite. Porque fizeram as pazes, não é? Poderiam dedicar-se a um tempo só deles, como antes do casamento, como quando eram jovens.

No entanto, ele diz: vou voltar para o hospital, e ela não tem coragem de dizer-lhe para ficar. Tenho uma cirurgia de baço, explica. Claro. Você fecha?, ele pergunta. Ela responde que sim e fica sozinha, vestida com o casaco, adolescente menina experimentando escondida o vestido da mãe.

Francesca Fabiani tem 1,58 metro. O casaco é para uma mulher de pelo menos 1,70.

No caminho de volta um turbilhão de alegria e dúvida: tudo bem, por mais de um ano ele não lhe passou dinheiro algum, vivia dizendo que não tinha, as dívidas... depois gasta 45 milhões em um casaco de pele, tudo bem, poderia dar este dinheiro aos filhos em vez de obrigá-la a batalhar um ano e meio, em vez de fazê-la vender suas coisas, fazendo-a até pensar em procurar um emprego, secretária, telefonista, vendedora, a esposa do Professor virou secretária, ameaçou, sabendo que era um golpe em seu orgulho. Passado, agora ela está aqui, com seu casaco de pele. Tudo bem, ele mentiu. Mas que importância tem? Hoje entendeu, Renzo é assim, hoje tudo se refaz. Chega de desconfianças, chantagens, detetive particular, a primeira pessoa para quem ligará quando chegar em casa, ou melhor, sabe o que vai fazer? Para na Aurélia e liga do orelhão, não pode esperar, precisa avisá-lo agora. Troca dinheiro no Cacciatore e liga: doutor Ponzi, está tudo acabado, não preciso saber mais nada de meu marido, estamos juntos novamente. Agora espera que o homem do outro lado da linha pergunte se ela está certa de sua decisão,

Terceira parte

não seria melhor ir até o fim? Da parte dele, espera uma tentativa de finalizar o trabalho e de ser pago, tanto que está pronta a dizer que vai pagar mesmo assim mas pode parar tudo, quer tirá-lo do caminho, no entanto, o homem, após tê-la escutado em silêncio, diz: fico feliz, senhora, seu marido não tem segredos. O que alegra mamãe, que bom ter a confirmação, obrigada doutor Ponzi, muito obrigada, porém faço questão de pagar por seu trabalho, e Tom Ponzi diz não, senhora Ciabatti, imagina, está tudo bem. E agradece, quase comovida, obrigada, doutor Ponzi,★ obrigada de coração.

No dia seguinte, ao telefone, no meio da conversa — nós, a escola, planos para o verão — papai lança: você parou no Cacciatore ontem? Mamãe responde que sim, parou para ligar para casa. Concentrada na mentira, não se pergunta como ele ficou sabendo.

Isto acontece no dia seguinte, por ora minha mãe está aproveitando a alegria que está sentindo, dirige e chora, não vê a hora de voltar para casa e nos dar a notícia: estamos juntos novamente. Ou talvez não... melhor ser prudente, não apressar as coisas. E se brigarem de novo, não pode nos submeter a uma montanha-russa de sentimentos, esperança, desilusão, esperança, desilusão. Temos apenas dezesseis anos... por enquanto vai guardar para si — decide, não vai contar nem para vovó... só para Fiorella, para Fiorella e tia Stefania, convoca as duas para ir em casa à noite e as recebe com o casaco de pele.

Linda, lindíssima, comenta Fiorella. Só ficou um pouco longo demais.

À noite, na cama, mamãe não consegue pegar no sono, emoção demais. Cochila, acorda... vai ficar tudo bem, vão ficar juntos de novo, nós ficaremos em Roma porque já nos acostumamos, ele poderia vir para cá, encontrar uma clínica

A mais amada

para trabalhar... cochila de novo, mas uma voz no escuro a acorda. Mamãe.

Oi.

Posso dormir com você?

Ela levanta a coberta para eu entrar. Ficamos nós duas apertadas na cama de solteiro, nos abraçamos.

Sonho ruim?

Sim.

Agora dorme, me faz um carinho.

O homem de novo... digo, mas não é um sonho, mamãe, eu sinto mesmo uma pessoa em cima de mim.

Mamãe fica em silêncio. Por que continuo sonhando com isso? Tem medo de me perguntar mais, cala-se, me aperta forte, me aninha, depois arrisca: quem era?

Não sei, minto.

E mamãe sossega, é só um sonho ruim, me abraça forte, um sonho bobo, minha menina.

★ Tom Ponzi (1921-1997): membro da Ovra (polícia secreta da Itália fascista e da República Social Italiana). Em 1948, fundou sua própria agência de investigação. Trabalhou, entre outros, para Nelson Rockefeller, a família Agnelli, Enzo Ferrari e para Aga Khan. No início dos anos 1970, envolveu-se em um escândalo judicial, acusado de planejar uma rede de escutas não autorizadas contra a Montedison e alguns políticos. Antes de sua prisão, conseguiu fugir para Nice, onde permaneceu por seis anos. De volta à sua terra natal, foi considerado inocente. Entretanto, sua licença de investigador foi retirada. Tom Ponzi passou a agência para o nome dos filhos e, assim, conseguiu dar continuidade a seus negócios.

Terceira parte

12

O que há de errado com esta filha? Inquieta, agitada, agressiva, engorda, emagrece, chora. Exige lentes de contato azuis, estamos em 1989, existe apenas um modelo: setecentas mil liras. Eu quero, me jogo no chão, grito que não consigo viver sem as lentes, a única coisa no mundo que eu desejo são essas lentes azuis, por favor, papai.

Ela é assim, mamãe tenta analisar, fica obcecada por alguma coisa: um relógio Bulgari, um conjunto de malas Louis Vuitton, as lentes de contato... e toda sua felicidade passa a depender disto: não ter essa coisa significa infelicidade. E nós o que podemos fazer, Fiorella? Nós que nos separamos, que vendemos a casa de sua infância com os brinquedos dentro, que a trouxemos para Roma?

A chantagem funciona. Toda vez que me desespero, que aposto alto (quero um pônei, um colar de brilhantes, uma casa em Cortina como todo mundo), mamãe e papai não brigam mais, refletem juntos, tentam entender onde erraram e principalmente o que podem fazer com essa menininha perturbada.

Às vezes grito em meio às lágrimas: vou embora. Pego a mala, coloco um monte de vestidos de festa, meus maravilhosos vestidos e nada mais, nem calcinhas, e vou embora.

A mais amada

Mamãe me vê saindo pelo portão, descendo as escadas e caminhando pela rua cheia de árvores até chegar à esquina, onde desapareço. Como saber se vou atravessar a rua, se vou para a via Luciani, ela se tortura, como saber se vou encontrar algum mal-intencionado, como saber se alguém me fará mal. Até parece, ela sabe muito bem que vou chegar à praça Euclides, vou só até lá, a 100 metros dali, puxando essa mala enorme, vou entrar no bar, me sentar, e pedir doces.

Vinte minutos depois volto para casa. Ainda mais furiosa do que antes, pois agora somam-se impotência, impossibilidade de levar a ameaça a cabo, a consciência de que sou só uma menina medrosa, raivosa, entro no quarto batendo a porta e grito odeio vocês.

Esta sou eu adolescente. Um rebuliço de forças fragmentadas e desesperadas. Um protesto cego contra algo. O mundo, a família, contra mim mesma? Sou gorda, mamãe... sou baixa... estou só, tão só, não quero crescer, vamos ficar juntos de novo, por favor. Um segundo depois ataco novamente, com violência: você não entende que o mundo lá fora é perigoso? Agora mesmo um grupo de desconhecidos me assediou, me seguiu e me bateu, conto chorando, agora um menino da escola me trancou no banheiro e me ameaçou com uma faca, agora um homem encapuzado tentou me raptar, e papai, desnorteado, me pergunta: como é possível? Enquanto mamãe aperta o braço dele, eu percebo, e fala comigo com delicadeza: está tudo bem, fique tranquila, me tratando como se eu fosse louca. Ela sabe, e eu a odeio por isto, ela sabe muito bem que essa adolescente inquieta não tem nenhum inimigo, ninguém querendo violentá-la, raptá-la, matá-la. Abandonada feito lixo até pelos pedófilos, como eu queria encontrar um pedófilo — cadê você, pedófilo?, pergunto-me, desconsolada — um pedófilo que se apaixone por mim e me rapte, e me machuque, e que depois peça o resgate: se quiserem rever sua filha, vão ter que pagar 20 bilhões.

Papai pagaria? Meu amadíssimo pai daria 20 bilhões pela sua menina?

Há momentos em que, se eu ainda tivesse meus brinquedos, pegaria um — a boneca que fala, a cabecinha com cabelos, o jacaré —, o apertaria forte no peito para pegar no sono, subitamente aliviada: achei vocês.

Pego no sono, mas aí aparece na escuridão o homem que se deita em cima de mim, me sufoca, está me sufocando, tento empurrá-lo, pesado demais, me solta, ele não sai, continua em cima de mim, me esmaga. Não importa quem seja, algumas vezes sei quem é, outras não, algumas noites não tem rosto, outras vejo sua cara, e peço: não me machuque, papai.

Naquela Páscoa — em 1990 — estou mais inquieta do que o normal. Superexcitada, hiperativa. Estamos em Orbetello, Eleonora veio conosco. Queria sair todas as noites: vocês não podem me enterrar em casa!, grito a meus pais.

De manhã acordo muito cedo: o que faremos? Vamos para Saturnia, vamos chamar Guido Maria e vamos para Saturnia! Depois, irritada: não quero usar biquíni... e de novo radiante: a gente fica de roupa.

São sete horas, Eleonora resmunga da cama.

Levanto-me, abro a janela: e, dramática, começo a representar, você não está entendendo, de repente já é noite. Viro para olhar minha amiga: o tempo acaba, não podemos deixar isso acontecer.

Eleonora coloca o travesseiro na cabeça.

Não podemos deixar isso acontecer, repito.

Não podemos deixar o que acontecer? Gostaria de perguntar à garotinha que sou aos dezessete anos. Essa garotinha que se debate em uma gaiola que às vezes é o seu quarto, outras a casa, ou a cidade. Tem medo de quê, Teresa? Sente-se, feche os olhos e tente se lembrar... o que fizeram contigo, o que aconteceu no ano em que mamãe passou dormindo?

Vamos pintar ovos!, grito do alto da escada. Vamos comprar ovos e tinta. Este ano quero dar presentes a todos os amigos, principalmente a Guido Maria, que amo sem ser amada, se bem que, no fundo, o que é o amor senão esta imensa sensação transbordante de vazio?

Mamãe me observa, tem algo errado. Leva Eleonora para um canto: o que ela tem, me diz.

Nada, Eleonora me protege.

Para uma adolescente, nada é mais perigoso do que um médico em casa. Assim sendo, minha mãe médica não me perde de vista, escuta as conversas até quando finalmente ouve Eleonora cochichar: será que não vai te fazer mal?

Espera até sairmos, sobe em meu quarto, vasculha as gavetas. E encontra a causa da excitação, do estado febril, da súbita vontade de viver tudo, cada instante desta maravilhosa existência (maravilhosa?), pois tenho dezessete anos, brado, e os dezessete anos não voltam mais!

No fundo da gaveta minha mãe encontra o motivo de meu estado alterado: está escrito Wanna Marchi[16] no frasco de comprimidos.

Imbecil, burra, inconsequente — enfrenta-me —, é anfetamina, sua louca irresponsável, tem gente que nunca conseguiu largar, isto é droga, droga de verdade que altera o sistema nervoso em vez de emagrecer. Não diga ao papai, imploro. Juro que jogo fora, vou até o banheiro com o frasquinho, paro em frente ao vaso, pronta para jogar os comprimidos e

---

16   Apelidada de «rainha do telemarketing» nos anos 1980-90, comercializava remédios miraculosos de emagrecimento, motivo pelo qual passou alguns anos presa. [N. T.]

Terceira parte

dar descarga, e daí que gastei quase todas as minhas economias, e daí que estava emagrecendo, olha mamãe, vou jogar. Hesito. Porque, caramba, estava me fazendo bem, estava me sentindo diferente, sentia como se até para mim houvesse esperança. Agora eu jogo, repito, estou quase.

Só que ela é mais rápida e me arranca o frasco da mão. Desta vez foi grave demais, não pode deixar de contar ao papai, e se passo mal, e se morro? Papai tem que saber.

Cravo os olhos nela: se você contar para ele vocês nunca mais vão me ver. Lutamos, tento pegar o frasquinho, me devolve, cotoveladas, chutes, empurro mamãe contra a parede, ela torce meu braço, ai maldita, seguro os pulsos dela, agora tenta escapar, ela tenta mas não consegue se soltar, eu sou mais forte e mais alta, quando foi que fiquei mais alta que minha mãe? Quatro, cinco centímetros a mais, daqui de cima posso machucá-la, quero machucá-la, conheço seu corpo de cor, os pontos fracos: a cervical, os braços finos, a anca esquerda que dói, e as pernas. As lindas pernas. Quantas vezes eu e Gianni entramos de fininho no seu quarto e subimos na sua cama naquele ano que você passou dormindo, quantas vezes nós te tocamos, carinhos, sacudidas — acorda! — e nos rendemos, pois você não abria os olhos de jeito nenhum, quantas vezes nos aconchegamos sobre você e te estudamos: nariz, boca, pescoço — te explorávamos — braço, seio, barriga. Pernas. Lindas pernas. Hoje você está de novo embaixo de mim, mas desta vez acordada — finalmente acordada! — e te machuco se eu quiser.

Não ouse contar a ele, ameaço, meu rosto muito próximo ao dela. Ela me empurra longe, conseguiu, encontrou forças. Sua louca drogada, diz ao sair do quarto.

Por dois dias papai não me dirige a palavra, prova de que minha mãe contou. Mas talvez eu esteja salva, ele não ficou bravo na hora...

A mais amada

Ele me adora, digo triunfante a Eleonora.

Porém: almoço de Páscoa, restaurante, amigos e família, papai na cabeceira da mesa, quanta alegria... naquele dia, no meio do almoço, do outro lado da mesa papai me observa e de repente, em meio ao silêncio generalizado, diz que sou uma cretina, que se quero emagrecer tenho que parar de comer em vez de comprar droga. Droga aos dezessete anos, mas agora ele mesmo vai mandar os comprimidos para análise, assim depois faz uma bela denúncia contra mim e contra quem me deu isso, droga para uma menor de idade é tráfico, o que é confirmado por Ilario Martella, juiz, sentado à sua direita.

Rebelo-me: não é droga, falei com Wanna Marchi pessoalmente, papai, fale também, ela é muito gentil.

13

É uma Páscoa fria a de 1990. Em outros anos dava para ir à praia. Neste, não. Choveu nos primeiros dias de férias, e agora um vento norte (tramontana, papi?) gela lagoas e mares. Mamãe liga o aquecimento, mas papai se apressa em desligá-lo assim que chega do hospital (este vício de jogar dinheiro pela janela!). Mamãe protesta: que papelão fazer isso com Eleonora aqui.

Eleonora, papai reclama, nem sei quem é.

Mamãe desiste. Mas, depois que ele sai para trabalhar, deixa o aquecimento ligado até o começo da tarde. Quando ele chega, à noite, nem percebe. Submerge na poltrona em frente à TV.

Papi, podemos ver um pouquinho uma coisa que queremos?

Não.

Escondido, mamãe compra uma televisão pequena e coloca no quarto, mantenham o volume baixo, olhem lá. Colocamos na MTV e dançamos em cima da cama. Soltamos os cabelos e subimos as saias até a calcinha aparecer, de um jeito que, com estas coxas, nem eu nem Eleonora podíamos fazer lá fora. Mas agora estamos aqui, no meu quarto, trancadas, livres, leves e soltas.

A mais amada

No dia de Páscoa vamos almoçar no Cantuccio. É onde papai janta todas as noites, desde que nos mudamos para Roma. Aos domingos, também almoça lá. Conta aberta. A segunda casa do Professor, o proprietário exibe-se para o vilarejo, é do lado de casa, para mim é cômodo, meu pai diz aos médicos que toda manhã o escutam na sala anexa à sala de cirurgia, todos fumando, alguém volta do CRAL segurando um café, tome, Professor, cuidado que está fervendo.

Parece que passou um século, mas na verdade nada mudou. Nem a Coca-Cola no frigobar. Quem abre a porta encontra vinte latinhas bem alinhadas, é proibido tocar, são do Professor, ele bebe uma antes de toda cirurgia. Tudo igual. A sensação de que, sem nós, tudo continuou como era antes. Como quando alguém morre — teu pai, tua mãe — e de manhã os mesmos barulhos da rua te despertam, a vida continua, apenas a tua parou.

Vamos contar, diz mamãe, nós mais Eleonora somos cinco, a filha dos Martella vem? Não. Então cinco mais os Martella, sete, mais tia Ambra e tio Giorgio, nove, mais Salvo Bruno e a esposa, onze. Eles se separaram. Oh, sinto muito, dez então. Dez mais os Boero.

Boero está no exterior.

Dez, somos dez.

Se por um lado acho ruim — nem desta vez vou encontrar Erica Boero, não é justo —, por outro fico feliz de poder apresentar tia Ambra a Eleonora, a tia mais elegante, a mãe que eu queria ter. Desde que chegamos a Roma não paro de dizer a minha mãe: compra um tailleur, sapatos de salto, só um colar de pérolas — às vezes chorando —, um casaco de pele de vison. O presente de papai, o casaco Fendi, foi um presente para mim também. Fiquei tão feliz quando o vi, tão feliz que o experimentei por cima do pijama rosa, meu deus que lindo, maravilhoso, eu dava gritinhos pela casa

Terceira parte

inteira, agora sim você é uma mãe perfeita, como todas as outras, eu dizia. Uma de frente para a outra, a mãe de calça e camisa, a filha de casaco de pele e pijama. A filha que em sua cabeça repete nunca serei como você.

Meu ideal de mãe é a tia Ambra. Os vestidos, as joias! Deixo tudo para você quando eu morrer, promete. Eu a abraço forte, obrigada tia do meu coração, obrigada, obrigada, mulher maravilhosa que quero ser quando crescer. Além de ela ter sido o primeiro adulto que vi sem roupa. Mamãe só algumas partes, papai, nunca. Tia Ambra, sim, completamente nua.

Num verão em Pozzarello, a tia diz para mamãe no quarto: olha, ficaram ótimos.

Tira o vestido, o sutiã, está sem calcinha. Segura os seios com as mãos, não dá nem para ver a cicatriz, levanta os seios para mostrar à mamãe a linha rosa que desce do mamilo até onde o seio termina. Sou outra mulher, suspira. Eram grandes demais, acaricia-os. Mudou minha silhueta, dá uma voltinha, não é verdade?

Diante de mim ainda criança, que lembrará para sempre deste momento, um momento que com o passar dos anos assumirá significados diferentes: iniciação, partilha, exposição, incesto. Mas só vou entender tudo isso mais tarde, muito mais tarde.

Mas agora, assim que chega, pego em sua mão e a levo até a Eleonora. Eleonora, digo, solene, te apresento minha tia.

Occhetto[17] tinha que ter ficado de fora, sentencia Salvo Bruno, iniciando uma conversa política, em meio à qual

---

17 Achille Occhetto foi um político italiano, um dos responsáveis por transformar o Partido Comunista Italiano em Partido Democrático de Esquerda, em 1991. [N. T.]

papai argumenta que o estrago começou com os sindicatos, um dia um enfermeiro se levanta para falar em nome do sindicato diretamente com ele, Professor, o senhor... falou desse jeito mesmo. Sabe o que meu pai fez? Levantou-se e saiu, e os médicos indo atrás, Professor, Professor... Professor o caralho... é o fim da Itália. A destruição da hierarquia, essa mania de serem todos iguais.

Não é com os votos comunistas que Craxi[18] vai ganhar, diz Salvo Bruno.

Amigo seu, papai diz a tia Ambra.

Oh, defende-se, estive só uma vez com ele, você sabe.

Mamãe congela. Como papai sabe que Ambra conheceu Bettino Craxi? Bem, do jeito que é vaidosa e tagarela, deve ter ligado para dar a notícia a amigos e conhecidos: conheci o Craxi.

Andreotti[19] não consegue mais segurá-lo, o juiz Ilario Martella dá continuidade à conversa. Está mal, tem diabetes, diz papai.

Quem?, pergunta Salvo Bruno.

Craxi, diz papai. Para esse tipo de diabetes a expectativa de vida é de dois ou três anos.

Do outro lado da mesa a conversa gira em torno de temas diferentes: você liga para ele — ordeno a Eleonora — liga para ele e diz: Guido Maria, aqui é a Eleonora, amiga da Teresa, infelizmente Teresa tentou se suicidar. Qual é o sentido disso?, protesta. Assim ele fica preocupado, digo.

---

18   Bettino Craxi foi um político italiano. Foi secretário do Partido Socialista Italiano e primeiro-ministro de 1983 a 1987. [N. T.]

19   Giulio Andreotti foi um político italiano. Líder do Partido Democrata-Cristão, foi primeiro-ministro nos períodos de 1972-73, 1976-79 e 1989-92. Tornou-se senador vitalício em 1991. [N. T.]

Terceira parte

Aldo chega para fazermos os pedidos: Professor, senhora Francesca, Teresa, Gianni, senhora Ambra... a única que ele chama pelo nome, além da nossa família. Mamãe fica incomodada. Por que Aldo a chama pelo nome e não faz o mesmo com Giorgio? Ambra veio aqui, veio jantar aqui sem o Giorgio... algumas vezes, tantas vezes...

Aldo lê o menu. Silêncio, papai fala conosco do outro lado da mesa, ainda estamos falando de suicídio.

Teresa, diz tia Ambra, você vai comer uma saladinha igual à titia.

Mamãe volta a ficar incomodada... ou serão os fantasmas de sempre, papai repete o tempo todo que ela vê coisas que não existem... Talvez ele esteja certo, a dúvida de que talvez ele estivesse certo a amoleceu durante anos. Volta a si, não, ele não está certo, mas de todo modo não é Ambra quem me dirá o que comer. Ah, mamãe responde, Teresa vai pedir o que ela quiser.

Tia Ambra fica em silêncio. Ela é uma senhora, não vai bater boca sobre um assunto tão bobo, imagina, nem que seja por decoro, ela ignora, e agora sussurra, cochicha com papai. Tia Ambra aproxima-se de papai e diz algo em seu ouvido, ele dá de ombros, como se estivesse dizendo deixe para lá.

Não, Francesca Fabiani, não são fantasmas, minha mãe pensa, há coisas, relações... o pensamento corre, talvez um delírio, repassa tudo, até a disposição da mesa. Por que tia Ambra está sentada ao lado de papai? De frente para Ilario Martella? O pensamento galopa. Ilario Martella a cumprimentou com um beijo na mão, caríssima Ambra. Tratam-se informalmente, só agora mamãe pensa nisso, o pensamento tropeia, detalhes que nota em retrospectiva. Onde se conheceram? Não com eles, não com ela, ela tem certeza. Certamente aconteceu naquela época, naquele ano pode ter acontecido de tudo... Mas naquele ano papai ainda não

A mais amada

conhecia Ilario. Por que hoje Ambra está sentada ao seu lado como uma rainha? Mamãe volta a observar papai, depois Ambra. Ambra elegante, loira, altíssima, um e setenta e cinco. Um e setenta e cinco. Relaciona, imagina, projeta. Aquela vez que, aquela outra vez, o relógio, o casaco de pele... Dúvidas, espectros, coincidências. Procura vê-los cruzando olhares, e eis que se olham, traidores, e eis que ele diz diante de todos: não seja boba, Ambra. Respire, Francesca Fabiani. Raciocine, tente ficar calma novamente. Páscoa, família reunida, amigos... respire, afaste os fantasmas, traga sua cabeça de volta para cá, para esta mesa.

Tia Ambra coloca uma mão no braço de papai... Renzo e Ambra, seu marido e sua amiga, uma das mais queridas, tia Ambra, como nós a chamamos, ouve em sua cabeça minha voz de criança dizendo tia Ambra, se mamãe e papai morrerem, posso ir morar com você?

Agora, aqui mesmo, mamãe gostaria de pegar a vagabunda pelo braço, antes ela, depois ele, levá-la para um canto e dizer que ela escolheu mal, ele é um homem mau, cheio de mulheres, outras mulheres, não acredite ser a única, e não só mulheres, pois as cartas anônimas, as vozes do vilarejo... ele sai com homens também, ou talvez só com homens. Ele é bicha, gostaria de dizer-lhe em tom de vitória, pois desde sempre as pessoas insinuam, ela não tem provas concretas, mas poderia ser, refletiu tanto sobre isso — a equipe formada apenas de rapazes bem-apessoados —, poderia ser tudo, bicha pedófilo assassino. E agora ela gostaria de levar Ambra para um canto e derramar sobre ela a imundície, ela que assumisse as dúvidas, as suspeitas, os fantasmas, pronto, vão de presente, gostaria de lhe passar o peso para evitar ressentimentos, mas sabe que não seria capaz de fazer isso, acabaria jogando em sua cara que é uma traidora, traiu a nós em primeiro lugar, nós que a chamamos de tia, e a amizade, desde quando são

Terceira parte

amigas, vinte, vinte e dois anos, quanto tempo passou desde aquela noite em que a tirou da banheira, estancou suas feridas, a salvou? Gostaria que Ambra ainda fosse a garotona daquela noite, só que ela mudou, tornou-se uma mulher desonesta, uma mulher que rouba o marido das amigas, no fim diria isso, tem certeza, não conseguiria se segurar, no fim cairia aos prantos diante dela perguntando por quê, diga-me apenas por quê.

Perguntaria — infelizmente conhece a si mesma — não com tom de acusação, mas de lamento, quase súplica. Nestes anos, desde a banheira ensanguentada, as posições foram invertidas, e, portanto, hoje minha mãe diria Ambra, minha amiga, diria com calma, submissa, pronta a se refugiar em seus braços, nos braços da mulher forte, fingindo que nada aconteceu, desde que ela, a amiga bela e hábil, a ajude a sair do pesadelo, a salve.

Ou seja, minha mãe não faz nada. Fica sentada em silêncio. Segura o choro, sorri para mim, Gianni e Eleonora, procura concentrar-se nesta juventude inocente, essa juventude também é mérito seu, não fosse papai poluindo a atmosfera: você é uma cretina, fala comigo. Fala de meus comprimidos na frente de todos, diz que se quero emagrecer preciso parar de comer, e não me drogar. Droga aos dezessete anos, mas agora ele mesmo vai mandá-los para análise, assim depois faz uma bela denúncia contra mim e contra quem me deu isso, droga para uma menor de idade é tráfico, o que é confirmado por Ilario Martella, tráfico de drogas. Não é droga, rebato, falei com Wanna Marchi pessoalmente, papai, fale também, ela é tão gentil.

Minha voz treme, estou a ponto de começar a chorar. Ele continua: uma louca cretina. Tia Ambra intervém, isso não se faz, diz, devo ficar atenta, e papai ameaça que de agora em diante será por conta dele, chega, acabou a vida boa, fala

A mais amada

ٮٮۤۡ۴

acalorado, acalme-se, Renzo, tia Ambra coloca a mão em seu ombro, Teresa entendeu e promete que não vai mais fazer isso, não é, Teresa?

Neste instante, o instante em que os papéis se sobrepõem e ninguém mais entende quem é mãe, mulher, tia, amiga de quem, neste exato instante ergue-se a mãe. Francesca Fabiani fica em pé, olhos fixos em meu pai, e diz: deixem minha filha em paz, ela não fez mal a ninguém, talvez outra pessoa aqui devesse fazer um exame de consciência, diz tudo de uma vez, contendo toda sua raiva, consternação, desconforto e também tantas, tantas palavras: não como estes rapazes, gostaria de acrescentar — não como estes jovens — gostaria de gritar — não como estes inocentes que não veem as coisas, gostaria de gritar e gritar — como ela que dormiu por um ano inteiro, e não acordou até hoje.

Nós tínhamos seis anos. Ela adormeceu quando tínhamos seis anos e três dentes caídos, e acordou quando tínhamos sete, eu com quatro dentes novos e Gianni com três.

Perdeu a peça de fim de ano e a apresentação de dança. As primeiras frases no caderno: o gato persegue o rato. As notas (tirei ótimo!). Perdeu a medalha de ouro do Gianni, campeão de tênis. Meus sapatos de verniz, os cabelos cortados, as pernas cruzadas embaixo da coberta, os desejos, queremos um peixinho vermelho. Perdeu a entrada na escola, e a saída. Para nos pegar na escola vovó e Nino, às vezes só o Nino no carro, em meio às mamães esperando. Perdeu quando eu tropecei no corredor da escola e caí de cara no aquecedor, foi só um cortezinho, mas sai muito sangue, e chamo mamãe, quero minha mãe, e no fim chega Nino, sempre o Nino, para me levar ao hospital — quero ficar com minha mamãe, eu choro — e me deixa na sala anterior à sala de operação, papai está acabando de operar, com médicos e

Terceira parte

235

enfermeiros que cuidam de mim após terem feito o curativo, apesar de eu continuar — quero ficar com minha mamãe — e me consolam, o que você quer, Teresa, uma Coca-Cola do papai, você merece, e então eu fecho meus olhos e berro muito alto: quero a mamãe.

Minha mãe dorme em 1978 e acorda em 1979. Da claraboia vê-se o céu claríssimo, primavera. Mamãe, mamãe! Pulamos em cima dela. Olha, mamãe, dentes novos, são três, cabelos compridos, os cadernos da escola, sapatos de verniz, a cicatriz na testa — a abraçamos — e a medalha de ouro! Eu fiz bolinhas de neve, mami — a apertamos forte — olha a foto, os boletins, sabe o que queremos, mamãe? Um peixinho vermelho, por favor...

Ela nos interrompe. Afasta-se para nos ver direito. Como vocês cresceram, diz, e começa a chorar. Vocês ficaram grandes.

QUARTA PARTE

Os sobreviventes

Eu me chamo Teresa Ciabatti, tenho 44 anos, meu pai morreu há vinte e minha mãe há quatro.

Meu irmão gêmeo me evita, não te considero minha irmã, ele diz, você sempre pensou só em si mesma. Ele me considera uma desequilibrada, e talvez eu seja mesmo: ansiosa, desconfiada, inquieta, nada sentimental, nunca fui visitar o túmulo dos meus pais (já tinha dito?), cortei relações com o resto da família, não por brigas, simplesmente por falta de cuidado. Egoísta, superficial, antissocial.

Em quatro anos nunca levei minha filha à escola, só uma vez, quando a babá foi para a Moldávia e o pai não estava em Roma. Somente naquela manhã eu me levantei, preparei o café, a vesti e, de mãos dadas, a levei à creche, à professora que nos recebeu: ah, finalmente estamos conhecendo a mamãe da Ágata. E minha filha agarrada a mim: ela é a minha mamãe linda.

Sou uma mulher ocupada, professora, gostaria de dizer, escritora, quantas escritoras a senhora conhece? É por isso que não trago a menina à escola. O resto do tempo a pequena fica comigo, eu poderia mentir, ocultando o fato de não a levar à aula de dança ou à casa das amiguinhas. Estou sempre presente, poderia me defender, sem admitir que nunca a levei à Villa Borghese em um dia de sol, que nunca estendi a toalha para fazer um piquenique, abri o cesto e disse: quer brincar no balanço, amor?

Alguma coisa deu errado em minha vida. Não só na relação com minha filha e com meu irmão.

Vai fazer análise, me aconselham. Mas o que é que vocês sabem, seus malignos, humanidade julgadora, eu sou quem sou, posso listar meus medos um por um, medo do vazio, medo de aranha...

Por exemplo: no dia do meu casamento, ao ver meu irmão se distanciando do grupo — não podia ficar mais tempo —, eu não corro atrás dele, não seguro em seu braço e não digo: fica, quero que você fique, por favor.

Eu fico olhando até ele desaparecer, parada no gramado, a única Ciabatti do meu casamento, única e só. Inadequada, desleixada, gorda.

Não sei cuidar de ninguém, tenho impulsos iniciais de sentimento que de repente morrem, deixando as pessoas perplexas: o que foi que eu te fiz?

Incapaz de cultivar o amor, de construir relações de confiança — mais cedo ou mais tarde vou te trair —, não suporto a opinião dos outros nem a presença constante, não consigo dar continuidade aos afetos nem aos planos, não quero o reconhecimento de ninguém.

Eu não preciso de análise. Conheço-me tão bem que sei como evitar sofrimentos. Quando a dor ameaça aparecer, desvio o pensamento.

Antes de dormir imagino as casas que eu poderia comprar, casarões, conventos, mansões, ou como reformar as que eu já possuo, excessos: ampliar o terraço, abrir janelas, fazer uma pequena piscina com vista para o Panteão. E sabem por quê? Porque meus pais morreram e não tenho mais ninguém para dizer isso não se faz. Estou livre, completamente livre, finalmente livre. Disponho de mim mesma e do meu dinheiro. Será que faço uma lipoaspiração?

Livre para escolher a vida que eu quiser, se pratico esportes (não, queridos mamãe e papai, que me obrigaram a nadar e esquiar), livre para ser escritora em tempo integral sem que ninguém me diga que isso não é profissão, pelo menos não no meu nível. O meu nível são quatro romances de nenhum sucesso e seis filmes, três dos quais me recuso a incluir no currículo, foi você que escreveu? ★★★ Uma homônima. Renda anual variável de 8 a 30 mil euros. Se olho para trás, se olho a menina que dava piruetas no palco do Supercinema — filósofa, atriz, ministra —, posso dizer que fracassei. Sou uma fracassada de meia-idade com uma perspectiva de sucesso que diminui ano a ano, vou conseguir — com 31 — ainda tenho alguma chance — encorajo-me aos quarenta — não vou conseguir nunca — aos 44 eu me rendo, descubram-me postumamente.

E esta fracassada de meia-idade hoje pensa que a culpa é deles: dos pais. Culpa deles se sou uma péssima mãe, se não falo com meu irmão. Culpa deles se Gianni me pergunta: onde foram parar as joias da mamãe, e as barras de ouro, e o dinheiro da Suíça? Chegando a me acusar: você roubou.

Após a morte de nossa mãe fui eu quem esvaziou a casa, certa de que estava protegendo Gianni do sofrimento, um dia me agradecerá, fui eu que joguei fora as roupas, faturas antigas, fui eu que separei documentos com o compromisso de um dia analisá-los, não agora, foi esta garota desorientada que arrumou as fotos, guardou os objetos, empacotou toneladas de prataria, foi esta órfã superfrágil que, às vezes chorando, às vezes não, pensou: meu deus, como a mamãe era obsessiva, não jogava nada fora.

Graças a ela hoje posso reconstruir a história da família, incluindo o estado de saúde: a aorta obstruída do meu pai, a angina pectoris da minha mãe, as amígdalas de Gianni, meu cisto no ovário.

Através da compra e venda de imóveis compreendo as mudanças de sentimento do meu pai: antes, a vontade de criar raízes, acumular para os filhos, depois, o ódio. Esvanecimento e, anos após ano, a sistemática destruição do patrimônio que leva este papel que encontro somente hoje (exatamente em meio aos documentos que separei para analisar): testamento de Lorenzo Ciabatti. Percebe, Gianni? Papai não nos deixou quase nada, descubro depois de 26 anos. Exceto por duas casas, um prédio e duas sociedades, mas e as sete contas-correntes, cinco na Itália e duas no Canadá: esvaziadas. Da conta na Suíça, nenhum sinal.

Assim que meu pai morreu alguém foi ao hospital e varreu sua sala. Desapareceram documentos, papéis, barras de ouro, dinheiro (às vezes o Professor abria a gaveta da escrivaninha pela metade fingindo que estava procurando algo, de forma que quem estava à sua frente pudesse ver os maços de dinheiro. Dez quinze vinte milhões). Desapareceram fotos, cartas, desapareceu o anel de safira, onde está o anel do meu pai?

O testamento de Lorenzo Ciabatti é a prova de que não me apropriei de nada, não agi escondido, não enganei ninguém, defendo-me. Olhe aqui, desafio Gianni esperando desculpas, peça desculpas. E enquanto eu assumo o papel da mulher honesta, talvez santa, não me dou conta, nem mesmo me preocupo em renascer das cinzas de meu pai. Foi ele que nos roubou o que era nosso, foi ele que nos enganou.

Quem o papai era, Gianni? Quem era este homem que decidiu nos tirar tudo? A raiva aumenta. Para quem ele deixou seu patrimônio? Eu quero saber.

A mais amada

Eu me chamo Teresa Ciabatti, tenho 44 anos e quero saber quem era meu pai.

Eu me chamo Teresa Ciabatti e fico me revirando na cama. Adormeço, acordo, pensando que meus pais poderiam ter me deixado mais, muito mais. Conto o tanto que perdi, e a raiva me toma: eu poderia ser milionária, bilionária, mas meu pai não quis, foi uma clara escolha. E assim, à noite, faço listas do que eu poderia ter: casa na praia com piscina, torre do século XIV — me reviro, durmo sozinha, não sei dormir com ninguém —, prédios em Grosseto, pelos papéis que encontrei são 25, vinte e cinco prédios em Grosseto, mais um edifício, eu poderia ter até um edifício (ok, em Grosseto). E terrenos entre Manciano e Orbetello, quatrocentos quinhentos hectares, e lotes de terrenos edificáveis em Los Angeles (encontro até isto em meio à papelada), e um apartamento em Nova York, e dez apartamentos em Roma, e joias (todas as joias que a mamãe vendeu...), e barras de ouro, e conta na Suíça, e sociedade petrolífera, jazidas (jazidas? Não tenho tanta certeza). Como é possível dormir com essa lista enorme de coisas perdidas? Fico me revirando e não durmo.

Minha busca começa tarde demais, quando não sobrou ninguém para me contar do meu pai. Morreram Umberto Ciabatti, Dante Ciabatti, Malvina Ciabatti, Giordana Ciabatti. Morreu Claudio Boero, Giulio Maceratini é impossível de localizar, tio Giorgio morreu, tia Ambra não fala do passado. E mesmo Fiorella e tia Stefania estando vivas, não ajudam muito. Mamãe alguma vez te disse que papai era maçom? Te contou de quando ele foi raptado? O que ela te falava dele?

Ela guardou tudo para si e em sua mente reconstruiu um marido perfeito, que a amava, como a amava, eles se amavam, e pela vida toda ela foi devota a este amor, nem a morte os separará... No dia do enterro, quando tinham acabado de descer o caixão, aparece Nino: esperem, eu lembro que na época a doutora comprou uma sepultura dupla.

Tem razão. Puxam o caixão para cima, o transportam até o outro lado do cemitério, de frente para a lagoa, quebram o túmulo dele, descem o caixão dela, cobrem de terra, cimento. Mudam a lápide: Lorenzo Ciabatti (1928-1990) — Francesca Fabiani (1939-2012). Nenhuma foto.

Das pessoas que poderiam me dizer algo sobre meu pai, só ficaram os primos, filhos de Dante e Umberto, e alguns médicos aposentados. Generoso, bom, dizem, tanta gente pobre que ele operou. Um santo, repetem. O Professor pegava no telefone, diz um ortopedista, e o mundo inteiro se movimentava. Você se lembra das lentes de contato azuis? — sempre o ortopedista — fui eu que comprei. O Professor chegou ao hospital: agora ela quer lentes azuis... e nós: Professor, é uma criança.

Sim, porque ele tinha o hábito de não comprar nada diretamente. Abria a gaveta, duas três notas do maço, e mandava um dos *seus*.

Todos os seus presentes foram comprados por outra pessoa. Até da última vez, eu ligando no hospital: pode comprar absorventes para mim?

Eu não compro esta coisa.

Por quê.

Não posso.

Escuta, estou aqui nessa merda de casa de praia isolada do mundo e preciso de absorventes.

À noite encontro um pacote de absorventes sobre a mesa. E me sinto forte, poderosa. Obriguei o Professor a pedir a um subordinado: vá comprar absorventes para minha filha.

Uma espécie de vitória, hoje eu entendo. O resto é confuso, nada volta por completo, são muitos buracos. E minha mãe? O que ela sabia dele? Sabia e fingia que não sabia? Uma noite entro no quarto sem bater, nas mãos um livro sobre a P2: o papai era da P2?

Mas é claro que não, ela responde. Levantando-se da cama. Seu pai era um homem decente.

Mostro as páginas a ela, o capítulo sobre Dante Ciabatti, a lista no fim. A lista de nomes. Quase todos eles passaram pela nossa casa, minha memória é obsessiva, mãe. Lembro-me de todos eles, um a um. Tem certeza de que ele não era da P2?

Sim. E após um momento de silêncio, bem baixinho: acho que não.

Quem realmente foi Lorenzo Ciabatti?

Deixo de trabalhar, só me interessa descobrir quem era meu pai. Seu pai matou alguém?, alguém me perguntou. Tenho certeza de que na primeira gaveta da cômoda havia uma pistola, quando era criança eu a vi, peguei, e coloquei de volta embaixo de cuecas e calcinhas. Por exemplo: onde foi parar essa pistola? Investigo, relembro, relaciono. Talvez eu invente. A esta altura tudo se mistura. Lembranças e impressões. Licio Gelli, eu conheci Licio Gelli, mesmo que não tenha sobrado ninguém para confirmar. Lembro-me dele em casa e no casarão de Porto Ercole com a Ferrari amarela na garagem. Ferrari amarela, um detalhe que poucos devem conhecer. Ou não. Meu pai me levava com ele, o que as crianças são capazes de entender...

Eu era o seu álibi para mamãe: ele não estava com outras mulheres. Ou álibi para outra pessoa: tem uma criança junto. Tem sempre uma criança nos encontros (e era eu, senhores! Eu em carne e osso, inocente, perdida, assistindo à História da Itália, acredito...). Enquanto os homens conversam nos pátios, a menina vai ver a piscina, o balanço, olha, Teresa, tem um parquinho de diversões! Uma senhora a guia pelo jardim da mansão da Ferrari amarela.

Onde estão as crianças?, Teresa pergunta sem parar de pular naquela coisa que ela nunca tinha visto.

Que crianças.

Mamãe, eu voei! Chego em casa gritando, olhos brilhando, bochechas vermelhas de emoção: mamãe, mamãe, eu voei!

Minha mãe fita meu pai: aonde você a levou?

Eis a menina saltando no pula-pula do jardim da mansão de Porto Ercole, dançando no ar, agora ela está acima das árvores, levantando os braços para o céu, dá para tocar o céu, aqui tudo é possível, para mim tudo é possível neste mundo.

Meu nome é Teresa Ciabatti, tenho 44 anos, e descubro quem meu pai realmente foi: um maçom. Grão-Mestre da Loja de Florença, escolhido aos vinte anos pela maçonaria de Siena para firmar relações com o poder americano, por isso os anos em Nova York e a especialização. Homem sem escrúpulos, ateu, mentiroso, fascista.

Hoje teria 88 anos.

Não me basta, quero saber mais, quero saber tudo dele: quem o raptou por um dia, por que conhecia Robert Wood Johnson II, que relações mantinha com Licio Gelli, de onde vinham as barras de ouro, usou a pistola da gaveta? Seu pai já matou alguém?

Torna-se minha obsessão.

Afasto-me de amigos e parentes. Não me sinto compreendida, pensam que sou mitômana (será que sou?), o que eles sabem, o que vocês sabem, passo a odiar todo mundo. Engordo, quero fazer uma lipoaspiração.

Depois de quantos dias a busca por documentos se tornou algo mais? Localizo médicos ainda vivos, algum deles vai me dizer algo de meu pai, que homem ele era. Quero saber se fez algum mal, deve ter feito mal a nós também, principalmente a nós, Gianni, choro ao telefone, talvez no ano em que mamãe estava dormindo. Gianni irrita-se.

Não basta ter provado que não roubei, que nosso pai era um canalha, que nós, irmão e irmã, sofremos as mesmas injustiças. Gianni me diz que não está interessado em meus devaneios, não está interessado no passado, pelo contrário: posso parar de ligar, fazendo favor? Talvez tenha chegado a hora de dar um tempo, um espaço para respirar.

Continuo com as buscas, descubro novos detalhes: em 1980 meu pai recebe no hospital a visita de um homem misterioso — dizem que é Raffaele Cutolo[20] —, os dois se fecham no escritório, onde passam cerca de três horas. Em 1982 é hóspede de Ronald Reagan na Casa Branca.

Confidencio-me com um amigo. Por que você tem sempre que ser assim, sempre tão excessiva?, pergunta. Corto relações. Odeio meus amigos, gente medíocre. Sou melhor que eles.

Quem é melhor? Quem sobrevive à dor, e eu sobrevivi, estou aqui, sobrevivi à escuridão do passado (era mesmo tão escuro?), ao redemoinho de uma infância infeliz (mas era mesmo tão infeliz? Seja honesta, Teresa Ciabatti...). Eu sou uma sobrevivente, e vocês não.

A última vez que vejo meus amigos é em uma festa infantil. Eles, todas as pessoas que não acreditam em mim, que acham que sou desequilibrada, exagerada, meu irmão em primeiro lugar, mesmo não estando aqui é como se

20 Mafioso, fundador da *Nuova Camorra Organizzata*, organização criminal de matriz camorrista. [N. T.]

Quarta parte

estivesse, general do pelotão que acha que sou louca. Mas eu não sou louca.

Hoje, amigos, aqui neste jardim, vejo vocês incitando os próprios filhos a acompanhar o animador, esse animador mágico incrível, o mais procurado de Roma, imprevisível, surpreende crianças que depois de tantas festas não se surpreendem mais. Vamos lá, crianças! Peguem o lencinho, corram, vençam!

E nesse jardim eu me sinto uma forasteira, desinteressada no presente, que dirá no futuro, alheia, passada. Ou talvez não. Nem mesmo eu sei bem quem sou, algo menos que eles, algo menos que um adulto, não cozinho, não sei dirigir, não sei pagar uma conta no banco, não sei que número de sapato minha filha calça. Uma inapta. Quando minha mãe morreu eu não sabia quem chamar — 118? Funerária? — liguei para o Michel do bar.

O que eu sei fazer? O que sou capaz de fazer sozinha? Certamente não teria sido capaz de tomar conta dos meus pais. Eles não morreram depois de longas doenças, não exigiram cuidados, não tiveram que tomar banho em um leito de hospital, urinar e defecar com ajuda, comadre, é isso mesmo?, não precisaram de ninguém que lhes trocasse fraldas, que os segurasse pelos braços — de repente reduzidos a isso — para ajeitá-los melhor nos travesseiros, as costas mais elevadas, ninguém precisou alimentá-los, segurar firme a mão deles, bem forte, fazendo-os entender que não estavam sozinhos, eu estou aqui. Meus pais morreram de repente, evitando submeter-me a provas que eu não teria conseguido realizar. Não os vi doentes, velhos. Os poucos cabelos de meu pai não chegaram a ficar brancos. Serão para sempre uma mescla de cinza e preto. Agradeço-lhes por isto. E o resto?

A mais amada

Meu nome é Teresa Ciabatti, tenho 44 anos e não encontro paz. Quero descobrir por que sou este tipo de adulto, tem que haver uma origem, lembro, relaciono. Um motivo que tenha me levado a ser tão diferente... O ano em que mamãe dormiu. Deve ter acontecido algo. Alguém me machucou. Lembro, relaciono, invento. O que gerou esta mulher incompleta.

Escrevo sobre meu pai e minha mãe, reconstruo a história da família para chegar a mim. Escrevo, lembro, invento.

A primeira versão do romance não funciona. Tem um problema. A voz, infantil demais — diz o editor, não é a voz de uma mulher. Às vezes adolescente, quase sempre criança. Sistematicamente fora de foco, instável, sofrida demais para ser uma adulta, obcecada em pequenos eventos do passado como a perda da boneca, é inverossímil que ainda possa sofrer revivendo esse episódio. E mais: fria demais em relação ao presente, não conta sobre a morte do pai e a da mãe. E o nascimento da filha? Os grandes eventos estão de fora. Não há cadáveres, funerais. Mas há páginas e páginas sobre a boneca que diz mamãe. Como pode uma mulher ter ficado tão para trás, estacionada na infância? Reescreva, procure a voz. A voz adulta.

Escrevo, reescrevo, descarto. Para voltar ao mesmo ponto. A adulta incompleta. Impossível que alguém assim tenha filhos! Não é possível que seja mãe, a maternidade muda qualquer um.

Eu não, queria responder. Quando minha filha nasce sinto apenas um medo enorme, e a passo para os braços do pai. Quando ela chora, eu também choro. Não posso me encarregar da dor de outro ser, mesmo que seja apenas fome, que o choro desta recém-nascida — linda, perfeita, tão perfeita, olha as mãozinhas — seja simplesmente por sentir fome, pois bem, não, não consigo responder nem mesmo a sua necessidade mais básica, alguém fique com ela, não eu,

Quarta parte

249

alguém por favor tire sua fome, alimente este ser — maravilhoso, veja os olhos, quando estão abertos e ela me olha... olha bem para mim... —, que haja muitas pessoas para tomar conta dessa menina em meu lugar. Encontro uma babá, ela que se levante à noite, eu durmo, durmo o tempo todo, exceto as vezes em que o choro é tão forte que me acorda e eu chego antes da babá, e tiro a criatura do berço e a seguro em meu peito, e a levo para minha cama atenta a não esmagá-la, e não durmo, e fico a noite inteira velando seu sono, tão linda e tão pequena, pequeníssima, acariciando-a, este milagre que respira, sua respiração em minha bochecha, e o coraçãozinho que bate, bate junto ao meu, quando a carrego em meu peito esperando o amanhecer.

Meu nome é Teresa Ciabatti, tenho 44 anos. Meu nome é Teresa Ciabatti, tenho dez anos, nove, oito, sete, seis, nunca saí de lá. Lá estou eu com a mamãe cadáver, mamãe está dormindo. Mamãe está cansada, mamãe está triste. Era uma vez a bela adormecida, mamãe mamãe — a mãozinha de um de nós, talvez a minha, talvez a do Gianni, uma mãozinha que a chacoalha. Cuidado com o soro, meninos, entra a vovó. Mamãe mamãe, chamamos. Voltamos para o nosso quarto, eu com as bonecas embaixo da mesa, Gianni chutando a bola contra a parede, dá para parar? Disparo. Outra bolada. O tempo pontuado por boladas. Hora do jantar, todos à mesa. Papai chega, comemos. Boa noite, boa noite. Noite. E manhã novamente. Queria que algo tivesse acontecido naquele ano, que alguém tivesse me feito mal, me batido, me violentado, que uma culpa o tivesse manchado, a razão para uma vingança, queria hoje, aqui, ter a dignidade de uma vítima, e acusar todos eles.

Infelizmente, não aconteceu nada no ano em que mamãe dormiu, boa noite crianças. Noite. E manhã novamente.

Teresa Ciabatti, resigne-se, você não é a protagonista desta história, você não é a protagonista de nada.

Num canto do jardim, para onde você foi por iniciativa própria, ninguém te obrigou. Você não é melhor, não sofreu mais do que o resto da humanidade, você está neste jardim da mesma forma que os outros pais e mães, olhando o mágico ilusionista que tira a cartola da cabeça e, upa-lá-lá, crianças, agora vai tirar um coelho, como nas outras festas, como todos os ilusionistas, um lindo coelhinho branco. Mas não, este é um mágico eclético, um mágico que surpreende, o mágico que devolverá o encanto aos nossos filhos e, upa-lá-lá, tira uma galinha da cartola. Galinha branca. E vocês, crianças, vocês que estão aqui e vocês que não mais estão, todos vocês, crianças da minha vida — filha, irmão, mamãe, papai, Teresa Ciabatti no palco do Supercinema —, todos nós levamos um susto com a galinha, damos passos para trás enquanto ela bate as asas e foge das mãos do mágico ilusionista, e nós gritamos, gritinhos de medo e de felicidade, medo e felicidade unidos no mesmo instante, no mesmo momento irrepetível da nossa vida.

Meu nome é Teresa Ciabatti, tenho 44 anos, 49, 56. Meu nome é Teresa Ciabatti, tenho 61 anos, a idade de meu pai quando morreu, e estou atrás da galinha branca. Esta galinha branca que caminha desajeitada pelo gramado, o mágico tentando pegá-la de volta, pedindo ajuda também a nós, e os mais aventureiros juntam-se à caça, protagonistas na breve duração da brincadeira — pirueta no palco do Supercinema, Teresa Ciabatti! — pega ela, pega ela! Pega a galinha branca, albina, que corre ligeira, esvoaça, e nós logo atrás com as mãos estendidas, prontos para agarrá-la, eu, minha filha, meus amigos, os filhos, todos juntos, o pensamento em você, irmão, a lembrança de você, mamãe, o medo de

Quarta parte

você, papai, agora a gente pega, mas não, nenhum de nós consegue, ela corre, corre, barulho de asas. Enfia-se em um arbusto, e sai para sempre da nossa história.

Das Andere

1 Kurt Wolff
Memórias de um editor

2 Tomas Tranströmer
Mares do Leste

3 Alberto Manguel
Com Borges

4 Jerzy Ficowski
A leitura das cinzas

5 Paul Valéry
Lições de poética

6 Joseph Czapski
Proust contra a degradação

7 Joseph Brodsky
A musa em exílio

8 Abbas Kiarostami
Nuvens de algodão

9 Zbigniew Herbert
Um bárbaro no jardim

10 Wisława Szymborska
Riminhas para crianças grandes

11 Teresa Cremisi
A Triunfante

12 Ocean Vuong
Céu noturno crivado de balas

13 Multatuli
Max Havelaar

14 Etty Hillesum
Uma vida interrompida

15 W. L. Tochman
Hoje vamos desenhar a morte

16 Morten R. Strøksnes
O Livro do Mar

17 Joseph Brodsky
Poemas de Natal

18 Anna Bikont e
Joanna Szczęsna
Quinquilharias e recordações

19 Roberto Calasso
A marca do editor

20 Didier Eribon
Retorno a Reims

21 Goliarda Sapienza
Ancestral

22 Rossana Campo
*Onde você vai encontrar
um outro pai como o meu*

23 Ilaria Gaspari
Lições de felicidade

24 Elisa Shua Dusapin
Inverno em Sokcho

25 Erika Fatland
Sovietistão

26 Danilo Kiš
Homo Poeticus

27 Yasmina Reza
O deus da carnificina

28 Davide Enia
Notas para um naufrágio

29 David Foster Wallace
Um antídoto contra a solidão

30 Ginevra Lamberti
Por que começo do fim

31 Géraldine Schwarz
Os amnésicos

32 Massimo Recalcati
O complexo de Telêmaco

33 Wisława Szymborska
Correio literário

34 Francesca Mannocchi
Cada um carregue sua culpa

35 Emanuele Trevi
Duas vidas

36 Kim Thúy
Ru

37 Max Lobe
A Trindade Bantu

38 W. H. Auden
Aulas sobre Shakespeare

39 Aixa de la Cruz
Mudar de ideia

40 Natalia Ginzburg
Não me pergunte jamais

41 Jonas Hassen Khemiri
A cláusula do pai

42 Edna St. Vincent Millay
Poemas, solilóquios e sonetos

43 Czesław Miłosz
Mente cativa

44 Alice Albinia
Impérios do Indo

45 Simona Vinci
O medo do medo

46 Krystyna Dąbrowska
Agência de viagens

47 Hisham Matar
O retorno

48 Yasmina Reza
Felizes os felizes

49 Valentina Maini
O emaranhado

50 Teresa Ciabatti
A mais amada

Composto em Bembo e Akzidenz Grotesk
Belo Horizonte, 2022